Linda Rennings ist die Gründerin des Vereins «Heimatlos in Köln» und unter Obdachlosen und in den Medien als «Kölsche Linda» bekannt. Sie hat jahrelang am eigenen Leib erlebt, welchen Schwierigkeiten obdachlose Frauen ausgesetzt sind und mit welchen Problemen sie zu kämpfen haben. Als ausgebildete Genesungsbegleiterin hilft sie Wohnungslosen bei Behördengängen, mit Hilfsgütern und besonders der so wichtigen mentalen Unterstützung. Geboren in Köln-Mülheim, lebt sie heute mit ihrem Hund Clayd noch immer in diesem Stadtbezirk.

Linda Rennings wirbt für Verständnis und Offenheit gegenüber wohnungslosen Menschen – hat sich doch niemand diese Situation ausgesucht. Leben auf der Straße ist immer als vorübergehende Notlage zu verstehen. Obdachlose Frauen haben es besonders schwer. Für die Gesellschaft gilt es, hin- statt wegzuschauen: «Steht auf!», sagt Linda Rennings. Sie zeigt, dass ein Leben nach der Obdachlosigkeit möglich ist, und sensibilisiert für den alltäglichen Überlebenskampf auf der Straße. Ihre Lebensgeschichte erzählt sie in «Rebellin der Straße» mitreißend und augenöffnend. Schon immer ist die Kölnerin ihren eigenen Weg gegangen und tut das auch weiterhin mit Herz und Verstand.

LINDA RENNINGS
mit Albrecht Kieser

REBELLIN DER STRASSE

WEIBLICH UND WOHNUNGSLOS

ROWOHLT TASCHENBUCH VERLAG

2. Auflage November 2025

Originalausgabe
Veröffentlicht im Rowohlt Taschenbuch Verlag,
Rowohlt Verlag GmbH, Kirchenallee 19,
20099 Hamburg, November 2024

Covergestaltung zero-media.net, München
Coverabbildung Manfred Wegener; FinePic®, München
Satz aus der Chronicle bei CPI books GmbH, Leck
Druck und Bindung GGP Media GmbH, Pößneck
ISBN 978-3-499-01478-9

Kontaktadresse nach EU-Produktsicherheitsverordnung:
produktsicherheit@rowohlt.de

FSC www.fsc.org MIX Papier | Fördert gute Waldnutzung FSC® C014496

Inhalt

I. Straßenkind und Omas Liebling

Weit ist dieser Platz, glatt gewalzt aus Asphalt und Beton, krumm gepflastert aus Stein an anderen Ecken. Großkotzig, als wär die Stadt nicht ständig auf der Suche nach freiem Gelände, das sie mit Gebäuden zustellen könnte. Aber hier weht der Wind durchs Freie. Der Platz ist tiefergelegt, wie der Suppenteller eines Riesen, er wird umtost von viel befahrenen Straßen. Nur Fußgänger und Radfahrer nutzen und verfluchen ihn, zwei U-Bahnen, eine Straßenbahn und etliche Busse halten und starten hier. Vormittags breitet sich auf einer Seite ein Markt aus, mit acht bis zehn Ständen, Obst, Gemüse, Klamotten, Glitzerkram.

Hier kann ich alle Sprachen der Welt hören, ich sehe Menschen aus allen Erdteilen in ihren ganz eigenen Kleidern. In den Geschäften der Hauptstraße, die am Platz vorbeiführt, kann man sie kaufen. Ich rieche das Essen aus den zahlreichen Restaurants, ich rieche indisch, türkisch, italienisch oder was auch immer, ich kenne nicht alle Gewürze, deren Düfte durch die Luft streifen. Es stinkt aber auch schon mal nach Pisse.

Breite Stufen führen wie in einem Amphitheater nach unten, ich sitze gern hier und schau mir die Leute an. Oder trinke im Biergarten, wie sich die Kneipe mit den zwei öffentlichen Toiletten dahinter nennt, meinen Kaffee und mein Wasser. Der Klocontainer gehörte früher der Kneipe, heute ist er für alle zugänglich und wird von Steuergeldern bezahlt. Das haben wir gegen die hartnäckige Blockade der Verwaltung durchsetzen können. Auf dem Platz leben nämlich viele Leute, die kein eigenes Klo haben.

Lange bleibe ich nicht allein. Meine Obdachlosen kommen, bleiben bei mir stehen oder setzen sich zu mir, erzählen von den letzten Tagen, fragen um Rat, wollen einen Tipp. Auch wenn sie nicht unbedingt meine Lebensgeschichte kennen, wissen sie: Ich bin eine von ihnen. Man sieht es mir an. Und ich bin schon so lange hier, als wäre ich an diesem Platz geboren.

Als ich im Sommer 2023 zur Alternativen Kölner Ehrenbürgerin gekürt wurde, schlug einer der Redner vor, man könne den Platz doch in Linda-Rennings-Platz umtaufen. Noch heißt er Wiener Platz – die Nazis verpassten ihm diesen Namen, als sie Österreich und seine Hauptstadt einsackten. Ich fand die Idee witzig, allerdings ein bisschen über meinen Verhältnissen. Ich bin ja eher klein.

Straßenkind I

Ich bin rechtsrheinisch aufgewachsen, auf derselben Seite, auf der im Stadtteil Mülheim der Wiener Platz liegt, nur ein bisschen weiter nordöstlich, in der Mau-Mau-Siedlung. Vielleicht kommt daher meine Widerständigkeit. Mit Mau-Mau war nämlich nicht das bekannte Kartenspiel gemeint. Sondern so hießen in den Fünfzigerjahren rebellische Schwarze in Kenia. Die Mau-Mau haben den englischen Kolonialisten ziemlich eingeheizt. Was ich damals allerdings nicht wusste, obwohl ich mich schon als Schulkind sehr für Geschichte interessiert habe. Jedenfalls stammt der Spitzname unserer Siedlung, Mau-Mau, von diesen Rebellen. Aber für die Schlaumeier, die uns den Namen anhängten, stand er für Assi. Wahrscheinlich waren wir ihnen genauso unheimlich wie die schwarzen Aufständischen den Engländern, und vermutlich hatten sie Angst vor uns.

Ich hatte auch Angst. Ich war neun Jahre alt, und ich spürte, wie sie mir in die Knochen fuhr und dort stecken blieb. Der Abend war schon angebrochen, es dämmerte, Regen hing in der Luft. Ich hätte lieber eingemummelt in meine Decke auf meinem Bett ein Buch gelesen. Aber ich war aufgestanden und aus dem Haus gerannt. Aus Angst. Und aus Wut. Ich flüchtete in den Wald. Niemand sollte mich finden, mir war egal, ob sich die anderen Sorgen machten. Ich hatte genug damit zu tun, das Knacken und Knistern der Bäume zu überhören. Das Rascheln des Laubes. Oder der Geister. Ich war neun! Und ganz allein.

Ich hatte nichts zu essen und zu trinken dabei, nicht mal eine Decke, als die Dunkelheit mich völlig einschloss, auch keine Taschenlampe, kein Streichholz. Kuscheltiere kannte ich nicht, ich weiß nicht, ob sie mich getröstet hätten. Da fühlte ich sie heranktiechen, die Angst vor irgendetwas Unbestimmtem oder vor irgendwelchen Tieren, die größer und wilder waren als ich. In der Straße bellte ein Hund, andere antworteten. Streiften sie durch den Wald, um mich zu fangen? Es rauschte plötzlich in der Luft, ich erstarrte, machte mich ganz klein, kauerte mich hin, rührte mich nicht mehr, atmete kaum noch, wollte nicht das kleinste Geräusch machen, mich nicht verraten, wollte von niemandem gefunden werden.

Schon gar nicht von meiner Mutter. Vor der war ich abgehauen. Vor ihrer Gewalt und ihrer Drohung, mich zu sich zu nehmen, weg von meiner Oma. Obwohl doch meine Oma mich liebte und meine Mutter nicht.

Ich kannte den Wald. Bei Tag jedenfalls. Jetzt kannte ich ihn nicht mehr. Er roch anders, und er benahm sich anders. Er bestand nur aus Schatten, die unterschiedlich schwarz waren und sich alle bewegten. Ich konnte kein Ende erkennen, den Weg, den ich hineingerannt war, gab es nicht mehr.

Ich hockte lange ganz still. Die Knie taten mir weh, die Erde war feucht, ich fühlte es mit den Händen. Aber ich wollte nicht aufstehen und mich groß machen, weil mich dann alle dunklen Gestalten sehen konnten, Mörder und Diebe und Gespenster. Ich konnte aber auch nicht mehr lange so hocken bleiben, gleich würde ich umfallen, weil mir die Beine eingeschlafen waren. Also legte ich mich vorsichtig zur Seite, rollte mich zusammen wie eine Katze und lauschte, ob mich jemand bemerkt hatte.

Noch streckte niemand die Hand nach mir aus. Aber das erleichterte mich nicht. Mein Herz klopfte wie wild. Als ich meinen Kopf zur Seite drehte und in den Himmel schaute, blinkte durch die Baumwipfel ein Stern. Das beruhigte mich etwas.

Ich war also immerhin noch in dieser Welt und nicht in eine Hölle gerutscht. Dort gab es ja keine Sterne. Nein, ich würde auch jetzt nicht aufstehen, ich würde nicht nach Hause gehen, da wartete meine Mutter, und sie würde mich mitnehmen. Ich würde bleiben. Hier im Wald. Bis alles vorbei war.

Ich lebte bei meiner Oma. In ihrer kleinen Wohnung unter dem Dach. Es war meine Oma, die mir Haltung beibrachte. Sie war knallhart, wenn es sein musste. Als mal eine Mitarbeiterin vom Jugendamt bei uns nach dem Rechten schauen wollte, hat meine Oma die Frau achtkantig rausgeworfen, mit Ämtern wollte sie nichts zu tun haben. Ich sage «achtkantig», weil es so war. Obwohl die Jugendamtsdame nicht verletzt wurde. Sie machte rechtzeitig kehrt, als sie kapierte, meine Oma kann noch krasser als brüllen.

Unsere Siedlung war so. «Auf der Schildwache» hieß unsere Straße, und so heißt sie noch heute. Sie liegt in Dünnwald, einem Stadtteil mit vielen Arbeitern, kurz vor Leverkusen. Weil die Leute gewohnt waren anzupacken und sich nichts gefallen ließen, konnte das schon mal untereinander für Stress sorgen. Aber mehr Stress bereiteten wir denen, denen nicht gefiel, wie wir waren. In unsere Straße trauten sich Polizei und Amtspersonen nicht so einfach rein. Wir passten nicht ins Schema, waren irgendwie unberechenbar, es war schon mal ein Schuss zu hören, aus einer Pistole. Irgendein Papa war immer auf Kur, wie es hieß. Obwohl er im Knast saß. Oder wir hörten, er sei im Ausland, als Lkw-Fahrer. Obwohl er gar keinen Führerschein hatte. Das waren die kleinen Alltagsmärchen, die uns Kindern gern erzählt wurden.

Vermutlich hatten auch unsere Lehrer ein paar Probleme mit uns. Aber wir hatten auch Probleme. Mit dem Leben, das wir stemmen mussten.

Vielleicht lag es daran, dass das Wirtschaftswunder an uns vorbeigeflattert war. Es sollte ja schon in den Fünfzigerjahren allen Westdeutschen mindestens ein gutes Auskommen, wenn nicht Reichtum bringen. Wir sind auch in den Siebzigerjahren, also zwanzig Jahre später, noch Klütten klauen gegangen und haben im Wald Holz gesammelt, um unseren Ofen anzuheizen. Da war angeblich schon jeder Haushalt mit Zentralheizung und Waschmaschine ausgestattet. Wir hatten beides nicht.

Die Klüttenbahn, also die Züge, die Braunkohlebriketts aus dem Tagebau westlich von Köln nach sonst wohin verfrachteten, z. B. zu den Bayerwerken in Leverkusen, fuhr nicht weit entfernt an unserer Siedlung vorbei. Wenn Briketts von den Loren herunterfielen, waren wir zur Stelle und holten sie uns. Sie waren tiefschwarz und färbten. Den Staub von den Händen und aus den Kleidern zu kriegen, war nicht einfach, aber die Kohlen wärmten unseren Ofen und uns.

Für mich war es ein Abenteuer, am Bahndamm entlangzurennen. Es roch nach Eisen und Kohlenstaub, die Lok und die Waggons machten einen Höllenlärm. Das war besser als Schatzsuche spielen, und wir hatten immer Erfolg. Wenn wir im Wald mit der Oma Holz sammelten, ging es gemächlicher zu. Aber auch das war spannend, und unser Hund war dabei.

Deshalb hatte mir mein Entschluss, im Wald zu verschwinden und über Nacht dortzubleiben, keine Angst gemacht. Weil der Wald mich schützen würde! Ich kannte doch den

Wald! Aber ich kannte eben nicht den Unterschied zwischen Tag und Nacht im Wald. In dieser Nacht lernte ich ihn kennen. Wie tief Angst sein kann, auch das lernte ich. Und ich lernte, dass ich sie überleben konnte, die Angst. Dass sie mich nicht davontrieb, zurück in die andere Angst, die mich losgejagt hatte und die auch angesichts der Dunkelheit und der Gefahren zwischen den Bäumen nicht schrumpfte. Ich hielt aus im Wald.

Damals gab es für mich nur unsere Straße, zu beiden Seiten die kleinen Häuser mit je vier Wohneinheiten, dann folgte das Wäldchen, und danach kamen die großen Häuser mit mehr Einheiten. Wir teilten die Straße in die Kleine Schildwache und die Große Schildwache. Die Kleine, da wo ich lebte, hatte etwa zwanzig, dreißig Häuser. Die Alten saßen im Sommer draußen auf dem Dörpe, so hieß op Kölsch der Trittstein vorm Haus. Die Mädchen tauschten Glanzbilder, sprangen Seilchen, die Erwachsenen grillten, tranken ihr Bier. Eine Kneipe gab es nicht, die kam später. Irgendwie idyllisch, das alles. Wie schön meine Kindheit war!

War es wirklich so?, frage ich mich heute.

Uns Pänz haben die Nachbarn oft einkaufen geschickt. Wir bekamen ein paar Groschen dafür, also haben wir es gern gemacht. Vielleicht sind wir dadurch früh selbstständig geworden, denn wir bekamen ja Verantwortung übertragen. Die süße Tüte, die wir für unseren «Lohn» kauften, haben wir redlich geteilt, keiner hat sie heimlich und allein gegessen.

Ich hatte auch ein Sparschwein, dafür hat meine Oma gesorgt. Wir leerten es von Zeit zu Zeit beim Sparkassenbus.

Taschengeld kriegte ich keines. Dafür bekam ich im Minisupermarkt an der Ecke samstags eine Tafel Schokolade – das war mein Sonntagsgeld. Dafür nahm meine Oma Entbehrungen auf sich, sie hat sich selbst nichts geleistet, gar nichts. Ich weiß, sie hat mich sehr geliebt.

Trotzdem konnte sie mich nicht vor meiner Mutter schützen. Ich wusste das. Deshalb blieb ich im Wald. Ich musste eingeschlafen sein, denn als ich wieder nach oben blickte, war mein Stern verschwunden, und mein Herz schlug augenblicklich doppelt so schnell wie vorher. Jetzt bellte kein Hund mehr. Vielleicht hätte es mich jetzt beruhigt, jedenfalls wenn es unser Hund gewesen wäre. Ich erkannte ihn an seiner Stimme. Es war ruhiger geworden. Deshalb hätte ich fast geschrien, als neben mir ein Schuss krachte. Doch da war niemand. Ich zwang mich nachzudenken und kam darauf, es musste ein Ast gewesen sein. Ja, ein Ast, er war bestimmt morsch und heruntergekracht, weil sich ein Tier aus Versehen draufgesetzt hatte. Schliefen jetzt nicht alle Tiere? Wann wurde es denn endlich Tag? Wann wurde alles wieder normal?

Es gab einen Bäcker, einen Metzger und in der nächsten Straße einen Tante-Emma- Laden, bei dem wir alles kaufen konnten. Oder fast alles. In die Straße kamen außer dem Sparkassen- und dem Bücherbus regelmäßig der Klüttenmann, der Obstmann, der Eismann und der Alträucher, der Alteisen und Schrott sammelte. Mir war alles so bekannt, ich bewegte mich so sicher in meiner Siedlung, ich war geborgen. Allerdings nicht immer, manchmal brach eine andere Wirklichkeit ein.

Beim Bäcker legte ich den Zettel hin, den mir meine Oma mitgegeben hatte, und ich kriegte zwei Brötchen oder einen Butterplatz. Das Rückgeld drückte mir die Verkäuferin in die Hand. Sie wusste, wohin ich gehörte, sie kannte mich mit Namen. Als Belohnung gab es zwei Lutscher. Dann flitzte ich hinüber in die Metzgerei, da bekam ich eine Scheibe Fleischwurst. Na klar bin ich gern einkaufen gegangen! Ich war erwachsen, mit Geld umgehen konnte ich, ich war schon sehr groß.

Weil ich ein Wildfang war, hat mir meine Oma nach der soundsovielten zerrissenen Hose eine Lederhose gekauft. Und einen Kurzhaarschnitt verpasst. Bei den Mädchen war ich die Außenseiterin. Weil ich nicht Hüppekästchen und Seilchenspringen liebte und nicht mit Puppen spielen wollte. Ich war lieber mit den Jungs als Cowboy oder Indianer unterwegs, hab mit ihnen Fußball gespielt und bin auf Bäume geklettert. Ich hatte einen Lieblingskletterbaum. Ich fand gemein, dass sie ihm die zwei untersten Äste abgesägt hatten, aber einer war ihm geblieben, an dem ich mich hochziehen konnte. Die darüber wuchsen wie Treppenstufen aus dem Stamm, ich spürte meine Kraft, ich jubelte, ich stieg höher bis in die Krone und schaute von dort auf meine Welt. Wie schön meine Kindheit war!

Die Attraktion im Alltag waren wir Kinder. Gameboys gab es keine, Internet und Social Media waren noch nicht erfunden, wir mussten miteinander vorliebnehmen, uns unsere Spiele selbst ausdenken und sie gemeinsam zu einem guten oder schlechten Ende bringen. Wir erlegten keine Bildschirm-

Monster, sondern verprügelten uns gegenseitig, wenn es sein musste. Danach vertrugen wir uns wieder. Früher oder später.

Ich bin sogar mal mit einem Loch im Kopf nach Hause gekommen. Aber auch das heilte. Die kleineren Streitereien haben wir selbst geregelt, die größeren die Erwachsenen. Nach draußen gaben wir nichts preis, nichts an die Polizei oder an das Jugendamt. Unser Misstrauen in diese Institutionen steckte tief. Es ist mir geblieben. Seitdem ich mich für obdachlose Menschen einsetze, ist es eher noch gewachsen.

In die Schule gingen wir gemeinsam. Das heißt: Wir aus der Mau-Mau-Siedlung traten in der nahe gelegenen Grundschule als Pulk auf. Damit schützten wir uns gegenseitig, falls irgendwer auf die Idee kam, Einzelne von uns anzumachen oder gar zu schlagen. Wir strahlten kollektive Stärke aus, die wohl Eindruck gemacht hat. Denn soweit ich mich erinnern kann, kamen wir mit unseren Mitschülern ganz gut klar. Obwohl wir für viele immer die Exoten blieben. Mau-Mau halt.

Unsere Grundschule lag um die Ecke, Am Portzenacker; die Hauptschule auch nicht viel weiter, in der Odenthaler Straße. Meine Lehrer waren ganz in Ordnung, aber ich hatte einen an der Grundschule – er war Konrektor –, der schlug. Anfang der Siebzigerjahre! Als meine Oma das mitbekam, ist sie in die Schule gestürmt, dort regelrecht ausgeflippt und hat ordentlich Randale gemacht. In einem solchen Fall kämpfte sie dann doch mit den Behörden, es ging ja um mich und um schreiendes Unrecht.

Davor wollte sie mich schützen – mit Erfolg. Bei anderen Ungerechtigkeiten hat das nicht immer geklappt. Ich trug zum Beispiel nie die angesagten Klamotten, für so etwas hatten wir kein Geld. Deswegen wurde ich besonders in der weiterführenden Schule gehänselt. So war es eben mit den armen Leuten und ihren Kindern. Draußen galten sie wenig, sie wurden zum Gegenstand von Spott, schlimmstenfalls von Verachtung.

Das ist mir erhalten geblieben: das Wissen um den geringschätzigen Blick, das abwertende Urteil, die mangelnde Gleichberechtigung oder Wertschätzung, die unsereinem entgegenschlägt. Der Kampf, den wir zeitlebens führen müssen, wenn wir uns draußen behaupten wollen.

Exoten waren wir auch für die Lehrer. Ich auf alle Fälle. Denn ich konnte bei meiner Einschulung nur Kölsch, kein Hochdeutsch. Ich verstand also in den ersten Wochen nichts. Keinen Satz. Und die Lehrer verstanden mich genauso wenig. Deutsch als Fremdsprache. Meine Klassenlehrerin brauchte eine Weile, bis sie kapierte, dass ich nicht dumm war, sondern nur ihre Sprache nicht sprach. Sie kam zu uns nach Hause, zu meiner Oma und mir. Weil sie nett war und uns nichts Böses wollte, hörte meine Oma sie ruhig an und machte mir danach klar, dass ich gefälligst Hochdeutsch zu lernen hätte. Kein kölsches Wort durfte mir mehr über die Lippen kommen, ich paukte, ich litt, ich weinte. Aber nach einigen Monaten blickte ich durch, verstand, was ich hörte, konnte sagen, was ich meinte und was die anderen dann auch verstanden.

Ich weinte nicht oft. Aber in jener Nacht im Wald weinte ich. Ich weinte, weil die Nacht nicht zu Ende gehen wollte und ich nicht nach Hause konnte. Der Schuss, der keiner war, lag weit zurück, doch noch immer hüllte sich der Wald in schwarze Schatten. Ich fror, die Erde war noch nasser und kälter geworden. Jetzt hörte ich ein schleifendes Geräusch, als wenn jemand auf mich zu schlich. Dicht über dem Boden. So wie an hellen Tagen, als wir Cowboy und Indianer gespielt haben, ich mich versteckte und jemand auf mein Versteck zu kroch. Ich setzte mich auf, versuchte, irgendetwas in der Dunkelheit zu erkennen. Ich zitterte wohl auch. Hier waren keine anderen Kinder. Hier spielte niemand mit mir. Hier war nur ich. Und irgendetwas anderes. Ich wünschte mich zu den anderen Kindern, am besten in die Schule.

Auch wenn die Schule nicht das Entscheidende war. Das Entscheidende waren wir Pänz. Besonders nach der Schule, die damals ja nicht bis in den Nachmittag dauerte. Mittags war Schluss, und wir stürmten wieder in unsere Siedlung.

Wir Kinder waren nicht nur nett. Eine Frau oben aus dem Nachbarhaus kam uns ganz schrecklich vor, lange weiße zottelige Haare, eine Bekloppte, fanden wir. Gern haben wir sie geärgert, Klingelmäuschen gespielt, ihr nachgerufen. Sie schüttete dann Wasser oder sogar ihren Nachttopf aus dem Fenster auf uns. Umso mehr Spaß hatten wir.

Nachdem wir Schulkinder geworden waren, hatte sich das Leben geändert, aber nicht völlig. Wieder zu Hause, aß ich schnell etwas, machte noch schneller Hausarbeiten, und dann klingelte unten schon jemand: «Kommste spielen?» Hinter den Häusern waren die Gärten, wir hatten genug Platz zum Toben, Ballspielen, Räuber und Indianer oder «Wer hat Angst vorm schwarzen Mann?». Mit dem drohte mir meine Oma: Wenn du schlecht bist, kommst du in den Keller, da kommt der schwarze Mann. Ich hatte Angst vor ihm. Was ich mir für einen Menschen vorgestellt habe? Einen Bergmann? Einen Schornsteinfeger? Einen Schwarzen? Eine Phantasiefigur? Ich weiß nicht, es reichte vielleicht schon der bedrohliche Unterton, der in der Warnung meiner Oma mitschwang.

Aber ich war nicht nur aktiv, ein Wibbelstetz. Ich war auch ganz anders, ein verträumtes Kind. Dann hab ich im Garten gelegen und in die Wolken geschaut und dort oben Bilder und Gestalten entdeckt. Heute noch werde ich froh, wenn ich in den Himmel schaue. Dann segle ich mit den Wolken weg aus meinem harten Leben.

Ich hatte keinen Vater wie die anderen. Ich habe ihn immer vermisst, diesen Vater. Ich habe wohl gedacht, das wäre einer, der Ruhe in mein Leben bringt. Hatte ich dafür irgendwelche Vorbilder in der Siedlung?

Vielleicht sollte er ja meine Mutter bändigen. Denn wenn sie zu mir und meiner Oma kam, eskalierte die Stimmung oft sehr schnell. Ich habe nicht verstanden, warum es knallte, so schnell, so heftig, dass es nicht bei Schreiereien zwischen meiner Oma und meiner Mutter blieb, sondern meine Mutter handgreiflich wurde. Auch ich bekam dann plötzlich Haue, ohne irgendetwas angestellt zu haben. Meine Oma hat sich vor meine Mutter gestellt, die mich weiterschlagen wollte und nun auf meine Oma eindrosch. Sie war sehr gewalttätig, meine Mutter.

Ich hatte also gute Gründe, in meine Schutzräume zu flüchten, in meine eigene Phantasiewelt, um nicht zu zerbrechen. Der Himmel war diese Welt. Mein Himmel, der Blick dorthinein, das Wegträumen mit den Wolken half mir. Und in dieser einen Nacht wurde der Wald zu meinem Schutzraum, auch wenn er mir Angst machte bis ins Mark.

Gewalt aushalten zu müssen, mit Gewalt umgehen zu müssen, Gewalt zu riechen, zu schmecken, vor ihr fliehen zu wollen, aber es nicht zu können – wenn Kinder das erleben müssen, lässt sie diese Erfahrung ein Leben lang nicht mehr los. Mich hat sie nie mehr losgelassen.

Aber wir wurden älter und brauchten uns um die Großen und ihre Absonderlichkeiten nicht mehr zu kümmern. Nach der Schule rösteten wir zwei Scheiben Brot in der Pfanne und streuten Zucker drüber. Was für ein Mittagessen! Wir waren selbstständig! Unabhängig! Frei!

Ich übertreibe. Ich war noch lange nicht groß. Und in Wahrheit freute ich mich, wenn ich weiter behütet wurde.

Da sprangen auch manchmal unsere Nachbarn ein. Die unten im Haus hatten schon einen Fernseher. Bei ihnen schaute ich *Lassie, Fury,* solche Sendungen. Wenn ich samstags nach dem Baden nicht mehr rausdurfte, toben und mich wieder schmutzig machen, klingelten sie bei uns und luden mich zu sich ein. Ich bin in meinen Holzclogs runter, rums, rums, rums. Ich wusste ja, dort unten gingen meine Wünsche in Erfüllung! Es gab Kotelett mit Apfelmus. Es war traumhaft, wenn ich den Knochen ablutschen durfte! Ich saß wie eine Prinzessin vor dem Fernseher und aß mein Festmahl.

Als im Wald die ersten Vögel sangen, wachte ich wieder auf. Es war immer noch nicht hell, vielleicht ein Schimmer zwischen den Baumwipfeln, aber bei mir unten auf der Erde kam noch kein Tageslicht an. Ich hatte solchen Hunger! Ich hatte Durst! Ich musste noch einmal weinen. Und umarmte mich selber ganz fest. Warum war das so? Warum musste ich davonlaufen? Warum hatte ich eine so erbarmungslose Mutter? Und dieser Hunger, der mir den Magen umdrehte!

Der andere Nachbar konnte wahnsinnig toll Bratkartoffeln machen. Mit Speck und allem Drum und Dran. Auch er lud mich oft ein. Wenn mich meine Oma später zum Abendessen rief, war ich längst satt. Das durfte aber nicht sein. Es sollte ja keiner glauben, wir hätten nicht genug zu essen. Also hat die Oma mit mir geschimpft und mit dem Nachbarn: «Dun se dem Panz doch net immer zo esse jewwe!»

Doch gutes Essen hatte es mir angetan. Sicher auch, weil meine Oma und ich so etwas höchstens sonntags auf dem Teller hatten. Von ihr war ich Armeleuteessen gewohnt. Wahrscheinlich war ich deshalb etwas runder als die anderen. Was mir manchen Spott einbrachte und nicht dazu führte, mich bei den anderen Kindern wirklich aufgehoben zu fühlen.

Aber eigentlich hatte das andere Gründe: Ich war immer wieder plötzlich weg, einfach von der Bildfläche verschwunden und tauchte auf unserer Straße wochen- oder monatelang nicht mehr auf. Denn meine Mutter hatte mich wieder einmal gegen meinen Willen zu sich geholt. Und nicht jedes Mal entwischte ich rechtzeitig in den Wald.

Die erste Erinnerung an meine Mutter stammt aus meinem fünften oder sechsten Lebensjahr. Nach meiner Geburt kam ich nämlich direkt zu meiner Oma, meine Mutter war abgetaucht.

Da stand plötzlich eine fremde Frau in der Wohnung. «Das ist deine Mama», sagte meine Oma, als ich verständnislos guckte und mich von ihr nicht in den Arm nehmen lassen wollte. «Die anderen müssen heute mal ohne dich spielen», fuhr meine Oma fort, «du bleibst hier bei uns.» Dann baute sich diese fremde Frau vor mir auf und zog mit süßem Lächeln etwas aus einer großen Tüte hervor. Das hielt sie mir vor die Nase – ein Kleid, und ich sollte es anziehen. Ich fand es schrecklich, ich mochte so einen Mädchenkram nicht, ich trug nur Hosen! Meine Oma versuchte, mich davon zu überzeugen, wie schön das Kleid doch sei und wie lieb meine Mutter, die es mir mitgebracht hatte. Ich schaute grimmig und rannte aufs Klo. Vorher schnappte ich mir die Schere aus der Küche. Auf dem Klo schnitt ich Löcher in das Kleid, kehrte um und hielt es dieser Frau hin.

Ich weiß nicht, woher ich den Mut genommen habe. Ich war schon früh ein aufsässiges Kind, ich kann mich erinnern, dass ich auch die einzige Puppe, die ich geschenkt bekam, auseinandergenommen und ihre Einzelteile in eine Ecke geworfen habe.

Meine Mutter, die sicherlich erwartet hatte, ich würde mich über ihr Geschenk freuen, wurde wütend und beschimpfte meine Oma, was für ein verzogenes Kind ich sei. Mich ließ sie in Ruhe, sie ließ ihren Ärger an ihrer Mutter aus. Ich weiß nicht mehr, wie dieser Besuch endete, ich weiß nur noch, dass ich nicht mit dieser fremden Frau mitmusste.

Meine Mutter hatte trotz ihrer permanenten Abwesenheit das Sorgerecht und das Aufenthaltsbestimmungsrecht über mich, weil meine Oma zu alt war, wie das Jugendamt befand. Deshalb konnte sie mich jederzeit mitschleifen, wann und wohin sie gerade wollte. Meine Oma hatte keine rechtliche

Handhabe dagegen. Trotzdem blieb ich nicht lange bei meiner Mutter. Sie kümmerte sich nicht um mich, sie ließ mich verlottern, und meine Oma holte mich wieder zurück zu ihr, oder ich lief schon vorher weg.

Es war doch richtig gewesen, dass ich jetzt im Wald hockte. Trotz des Hungers. Trotz der Kälte. Die Nacht würde bald vorüber sein, ich würde bald nach Hause können. Aber ich würde mich vergewissern, dass meine Oma allein war und diese Frau nicht mehr da war, die sich meine Mutter nannte. Ich würde noch ausharren, erst sollte der Tag ganz gekommen sein, dann würde ich mein Versteck verlassen. Das tat ich auch, wie viele Stunden später, weiß ich nicht mehr. Aber ich habe lange gewartet, bis ich glaubte, jetzt wäre es Zeit. Jetzt müsste ich nichts mehr befürchten. Und wirklich überstand ich mein nächtliches Waldabenteuer nicht nur unbeschadet. Als ich zurückschlich und ganz vorsichtig unsere Wohnungstür aufdrückte – bei uns in der Siedlung waren die Türen damals nie abgesperrt –, erkannte ich sofort, dass meine Mutter nicht mehr da war. Meine Oma schimpfte zwar mit mir, aber ich durfte die Schule schwänzen und mich ausschlafen.

Meine Mutter tauchte wieder auf, immer wieder, auch wenn Monate oder Jahre vergangen waren, und wollte mich mitnehmen. Es gab jedes Mal furchtbare Szenen, die sich mir eingebrannt haben. Ich sehe noch heute, wie die beiden Frauen einander gegenüberstehen, beide klein, beide kräftig, meine Oma schon gebeugt, sie hatte bereits die siebzig überschritten, meine Mutter aufgerichtet und dadurch wohl einen Kopf größer. Sie brüllte meine Oma an, weil die nicht einverstanden war, mich meiner Mutter mitzugeben.

Auch meine Oma wurde laut, und einmal warf sie ihrer Tochter vor, sie habe noch niemals für mich gesorgt und schon gar nicht sichergestellt, dass ich regelmäßig zur Schule kam. Da holte meine Mutter aus und schlug meiner Oma ins Gesicht. Ich erstarrte und wünschte mir, groß zu sein, um meine Mutter zurückzustoßen und meine Oma zu beschützen. Meine Oma taumelte, drehte sich weg und verschwand in der Küche. Meine Mutter riss mich zu sich und stürmte mit mir die Treppe hinunter, nicht ohne vorher die Wohnungstür mit einem gewaltigen Krach ins Schloss geworfen zu haben.

Wieder musste ich mit zu ihr nach Hause. Wo immer das auch gerade war. Meine Mutter lebte überall, auf einem Campingplatz, in einem Wohnwagen, in einem abgeranzten Kellerloch oder in irgendeinem halbwegs annehmbaren Haus irgendwo in der Stadt. Mit immer anderen Männern, die ich nicht kannte und die sie so oft wechselte, dass ich gar nicht hinterherkam.

Der Alkohol war der einzige Begleiter, der beständig an ihrer Seite blieb.

Als sie mich diesmal wegholte von meiner Oma, war sie gerade mit jemandem zusammen, den sie im Knast geheiratet hatte. Das hatte ich von meiner Oma erfahren. Sie schob mich, in ihrer aktuellen Wohnung angekommen, in den Flur und legte den Finger auf den Mund. Ich sollte anscheinend leise sein, sie schloss behutsam die Tür. Ich kannte die Wohnung nicht, meine Mutter schob mich weiter in ein Zimmer, das bis auf ein schmales Bett leer war. Sie legte noch einmal ihren Finger auf den Mund und schloss hinter mir die Tür. Ich roch, dass sie getrunken hatte.

Was sollte ich hier? Hier war doch nichts! Nicht mal Spielzeug, ein Stift, ein Blatt Papier oder ein Buch. Ich ging also zurück zur Tür und öffnete sie, um herauszufinden, wo ich gelandet war und was es hier noch so gab. Im selben Augenblick drückte ein Mann die Wohnungstür auf. Wir standen uns direkt gegenüber.

Er schrie sofort nach meiner Mutter, was dieses Balg denn hier solle. Er hätte ihr doch verboten, mich hierherzubringen. Das sei sein Zuhause! «Ich schmeiß das vom Balkon, wenn du es nicht sofort wegschaffst!», brüllte er. Meine Mutter rührte sich nicht, ich weiß nicht einmal, ob sie überhaupt noch in der Wohnung war. Da packte mich der Mann, er war groß und kräftig, hob mich in die Höhe, hielt mich so fest, dass mir die Tränen in die Augen schossen, und drückte mit der Schulter die Balkontür auf. Die Wohnung lag im dritten Stock, er hielt mich über die Balkonbrüstung. «Guck nach unten», brüllte er, «da landest du gleich, wenn du nicht die Biege machst!»

Ich schrie nicht, ich weinte nicht, ich flehte nicht um Gnade. Ich wurde stocksteif und biss mir die Lippen blutig. Bis er mich wieder auf den Boden setzte. Ich hatte das Gefühl, als wären Stunden vergangen. Meine Mutter ließ sich noch immer nicht blicken. Ich hätte den Mann umgebracht, hätte ich ein Messer oder eine Pistole gehabt. So hetzte ich aus der Tür und schaffte es, mit der Bahn irgendwie nach Hause zu kommen. Ich war ja schon elf. Oder zwölf.

Ich bin nach der einen Nacht im Wald nie wieder dorthin geflüchtet. Vielleicht hatte ich verstanden, dass er mich nicht retten würde, der Wald, und auch keine nächste oder übernächste Nacht da draußen. Obwohl ich jetzt überlegte, warum ich nicht völlig verschwinden sollte aus meinem Leben, nie mehr greifbar sein, nie mehr geschlagen, nie mehr angebrüllt und bedroht werden. Aber wie hätte ich das anstellen sollen?

War ich länger bei meiner Mutter, ging ich oft nicht in die Schule. Denn sie verprügelte mich regelmäßig so heftig, mit einem Teppichklopfer, oder was ihr in die Hände geriet, dass ich grün und blau aussah. Dann hatte ich schulfrei. Sonst wären ihre Untaten ja aufgefallen, und irgendjemand hätte sie zur Rechenschaft gezogen. Dafür musste ich den kompletten Haushalt meiner Mutter führen inklusive Kochen. In dieser Zeit setzte meine Kindheit aus, ich bekam Verantwortung aufgeladen, die mich niederdrückte.

Immer wieder riss mich meine Mutter rücksichtslos aus meinem Leben, aus meinem Alltag, meinem wirklichen Zuhause. Ich war dann für Wochen oder sogar Monate aus der Mau-Mau-Siedlung weg, weg von meiner Oma, weg von meiner Straße, weg von den anderen Kindern.

Wie sollte ich unter solchen Umständen Vertrauen fassen in das Leben und die Menschen, die mir nah waren? Wenn die anderen Kinder, die Lehrer und die Nachbarn der Wut und der Selbstherrlichkeit meiner Mutter gegenüber hilflos waren, wer sollte mir dann überhaupt helfen? Wenn selbst meine Oma mich nicht schützen konnte, wer dann?

Als ich 13 war, hat meine Mutter mich verkauft. Für 20 000 Mark. Wie sie das hinbekommen hat, weiß ich nicht. Sie hat mir einen Prinzen aus dem Morgenland versprochen, in Worten und mit Fotos. Der Mann existierte tatsächlich, er sah gut aus, ich konnte mir in meiner Mädchenschwärmerei vorstellen, wie ich an seiner Seite eine Prinzessin werden und er mich in ein besseres Leben entführen würde, reich, unbeschadet, verwöhnt und friedvoll. Wir haben uns sogar Briefe geschrieben. Meine Mutter war damals mit einem Mann aus dem Libanon zusammen. Wahrscheinlich haben sie den Deal gemeinsam eingefädelt. Ich vergaß den «Vertrag» nach einiger Zeit, vom Geld, das sie für mich erhalten hatte, wusste ich damals ohnehin nichts.

Als ich 18 wurde und volljährig, standen plötzlich ein paar Männer vor meiner Tür, die Gewährsleute meines «Prinzen». Sie wollten mich mitnehmen, ich sollte den Vertrag einlösen. Ich war zu Tode erschrocken, aber noch mehr war ich wütend. Ich war außer mir! Ich begann zu schreien, ich würde die Polizei holen, das sei Menschenraub, was sie hier versuchten! Die Männer waren anscheinend naiv auf den Deal mit meiner Mutter hereingefallen, jedenfalls zogen sie sich zurück. Ich habe nie wieder von ihnen gehört. Als sie abdrehten und ich die Tür zuknallte, zitterte ich am ganzen Leibe.

Ich denke heute selten an diese Erfahrungen und Erlebnisse zurück. Ich mag nicht in diese Zeiten abtauchen – das schadet mir, das kränkt mich, es macht mich sogar krank. Ich weiß, das ist alles passiert. Ich weiß, ich habe es überlebt. Ich weiß, wie es anderen geht, die Ähnliches mit sich machen lassen mussten, weil die Gegenwehr von Kindern begrenzt ist. Ich kenne das Gefühl der Schutzlosigkeit, des Ausgeliefertseins. Auch deshalb bin ich bei den Schutzlosen, bei den Ausgelieferten. Mir tut es gut, dass ich meine eigene finstere Geschichte weggepackt habe, weg aus meinem Gesichtsfeld. Mir stecken diese Traumata sowieso in den Knochen, ich brauche sie nicht ständig anzuschauen, ich muss nicht von ihnen reden, ich will die alten Bilder nicht. Auch nicht in meinen Träumen. Das gelingt mir ganz gut.

Jedenfalls war es durch diese ständigen Wechsel schwierig, gute Freunde und Freundinnen oder sogar eine beste Freundin zu haben. Plötzlich war ich wieder von der Bildfläche verschwunden, keiner wusste, wo ich war. Und meine Oma hatte kein Interesse, herumzuerzählen, was passierte. Sie hat sich wahnsinnig geschämt, dass sie mich nicht vor ihrer Tochter schützen konnte. Und ich habe auch lieber den Mund gehalten.

Trotzdem bin ich nicht im Heim gelandet, habe die Schule durchgehalten und in der zehnten Klasse einen ganz guten Abschluss gemacht. Ich war sogar noch kurz auf der Handelsschule. Für all das hat meine Oma gesorgt.

Bis ich 14, 15 war, ging es immer hin und her. Hauptsächlich habe ich bei meiner Oma in der Mau-Mau-Siedlung gewohnt, selten bei meiner Mutter in mir unbekannten Gegenden. Manchmal war ich auch bei einer Tante, wahrscheinlich, wenn meine Oma krank war. Immerhin war sie schon 61 Jahre alt, als ich auf die Welt kam und sie sich um einen Säugling kümmern und ihn großziehen musste. Und sie war 75, als sie sich immer noch um mich kümmerte. Die Frau hatte längst schon ihren Ruhestand verdient. Aber sie hat gearbeitet, bis sie zu krank dafür wurde, sie hat gearbeitet für mich. Bis sie umfiel, im wahrsten Sinne des Wortes.

Meine Oma

Mein Opa, den ich nicht mehr kennengelernt habe, kam gebrochen von Krieg und Gefangenschaft aus dem Zweiten Weltkrieg zurück und ist bald gestorben. Meine Mutter war das letzte von sechs Kindern. Meine Oma hat ihre Kinder allein durch den Krieg und die Nachkriegszeit gebracht. Sie ist mit ihnen evakuiert worden, kehrte nach dem Krieg zurück nach Köln, in eines der Häuser, die noch standen.

Meine Mutter ist meiner Oma früh entglitten. Das haben ihre anderen Kinder bestätigt, ich weiß es von ihnen. Meine Oma hat nie über diese Zeit oder über den Krieg gesprochen. Fragen, die ich ihr dazu gestellt habe, hat sie nicht beantwortet. Erfahren habe ich nur, dass sie mit den älteren Kindern manchmal nachts rausging, Kartoffeln klauen. Es muss eine schlimme Zeit gewesen sein.

Meine Oma war Kaltmamsell, wie das früher hieß. Eine Kaltmamsell war in der Gastronomie für die kalten Speisen zuständig. Aber meine Oma arbeitete meist als Hauswirtschafterin. Mein Opa war Konditor. Als er zurückkam, hatte er offene Tuberkulose. Am Anfang ging es wohl noch, sie haben heimlich Berliner gebacken und aus einem Bauchladen auf dem Schwarzmarkt verkauft. So kamen sie halbwegs über die Runden. Bald aber wurde es schlimmer mit seiner Krankheit, schließlich musste meine Oma ihn versorgen, und er starb kurz nach der Geburt meiner Mutter.

Meine Oma wurde 1902 geboren. Sie ist in einem Waisenhaus aufgewachsen. Mit strengen Erzieherinnen, mit Schlägen. Auch darüber hat sie mir nie genau Auskunft gegeben.

Ich weiß nicht, warum sie in dieses Schicksal geworfen wurde. Ich weiß nicht, wer ihre Mutter war, ich weiß nur, dass auch sie ihren Vater nicht kannte. Vaterlos zu sein, das haben wir über drei Generationen erlebt: meine Oma, meine Mutter, ich. Es muss nicht das Schlechteste sein, aber für jede von uns war es schlecht.

Meine Oma hat nicht nur von der Vergangenheit nie erzählt, sie hat auch nie gejammert. Ich kenne kein «Es geht mir nicht gut, das schaffe ich nicht». Nie. Einen solchen Satz gab es nicht in ihrem Wortschatz. Nachdem sie mich zu sich genommen hatte, hat sie alles dafür getan, mich durchzubringen. Sie war Büros putzen, Gräber pflegen, Kleider flicken. Ich hab ihr geholfen, sobald ich konnte. Ich habe die geflickten Hosen zu den Nachbarn gebracht. Oder ich war mit ihr auf dem Friedhof, wo sie auf den ihr anvertrauten Grabstätten die Blumen versorgte; dann habe ich Unkraut gejätet, die ausgebrannten Kerzen zum Müll getragen, mit einer Schaufel die Löcher für neue Blumen gegraben, die Kanne am Wasserhahn gefüllt und herübergeschleppt, um sie anzugießen. Auf dem Friedhof hörte ich den vielen Vögeln zu, ich sah Eichhörnchen springen, es roch gut, nach Blumen und nach Bäumen, nach Laub im Herbst und nach Ruhe, das ganze Jahr über.

Als andere Leute in ihrem Alter ihre Rente von der Bank abholten, musste meine Oma weitermachen. Ihre Arbeitgeber hatten einfach keine Beiträge in die Rentenversicherung gezahlt. Es wurde bei uns immer knapper mit dem Geld. Sie nähte noch bis zum Schluss, aber sie konnte nicht mehr auf den Friedhof gehen oder anderswo putzen, nur für den Nachbarn im Haus die Treppe, einmal in der Woche. Dafür bekam sie ein halbes Pfund Butter.

Mit diesem Nachbarn hat sie sich sehr häufig ausgetauscht, vielleicht auch mal einen Kaffee getrunken. Kann es sein, dass die beiden heimlich ineinander verliebt waren?, habe ich mich später, als Erwachsene, gefragt. Jedenfalls ließ er sich, der nur wenige Monate nach meiner Oma starb, an ihrer Seite beerdigen.

Auch wenn es finanziell immer schwieriger wurde: Beim Staat um Almosen zu betteln, wie sie das nannte, kam für sie nicht infrage. Sie hat lieber für die ganze Gegend genäht, Säume gemacht, Reißverschlüsse eingenäht, Flicken auf Löcher und Risse gesetzt. Manchmal lag unser ganzer Küchentisch voller Klamotten. Dafür gab's einen Heiermann oder 'nen Zehner. Auf dem Wohnzimmerschrank stand eine alte grüne Spardose von der Sparkasse, mit einem Metallhenkel obendrauf. Ich durfte immer das Geld hineintun.

Ich sehe sie noch heute an der alten Nähmaschine sitzen, höre das Surren, wenn sie das Schwungrad anwarf und regelmäßig die Pedale trat. Ich durfte da nie ran, sie hatte Angst, ich könnte etwas kaputt machen. Erst viel später habe ich auf so einer alten Maschine genäht. Ich hatte es mir ja lange genug abschauen können.

Meine Oma hatte in der ganzen Siedlung einen guten Ruf. Schon wenn sie aus der Tür kam und die paar Stufen zur Straße runterging, stürmten die Kinder auf sie zu und wollten ihr helfen, den Ascheeimer auszuleeren oder den Mülleimer. Sie hatten großen Respekt vor ihr, vielleicht auch ein bisschen Angst. Denn sie hatte kein Problem damit, einem der Kinder eine zu scheuern, wenn es Mist gebaut hatte. Sie war so, sehr resolut, aber auch gerecht, und deshalb respektierten die Kinder und Jugendlichen sie. Sie hörte sich immer auch die andere Seite an. Sie vertrug keine Lügen. Kein Ausnutzen. Damit hat sie sich einen guten Ruf verschafft.

Es war mein Glück, dass ich bei meiner Oma aufwuchs, dass sie mir beigebracht hat, alle Krisen zu überwinden, sogar die, die erst noch über mir hereinbrechen sollten. Wäre ich nicht bei ihr gewesen, wäre ich an diesen Krisen zerschellt wie ein kleines Holzboot an den Klippen im stürmischen Meer. Mancher hätte sich von diesen Krisen nicht erholt. Sie hat mich befähigt zu kämpfen. Und mich für andere einzusetzen und für sie ebenso zu kämpfen. Dass sie mich zu dem Menschen gemacht hat, der ich bin, vergesse ich ihr nie. Ich denke gar nicht so sehr an konkrete Ratschläge, die sie mir gegeben hat. Es ist der Boden, den sie beackert hat und auf dem ich gewachsen bin und noch immer stehe. Es ist ihre Haltung, dass Aufgeben keine Option ist. Ich habe nie erlebt, dass sie aufgegeben hat. Außer vor dem Tod.

Meine Oma hat immer zu mir gesagt: Nach jedem Tal der Tränen kommt irgendwann der Berg, den du hinaufklettern wirst und von dem aus du die Sonne wieder sehen kannst. So kam es dann auch in meinem Leben. So wie es mir meine Oma in dieser Schlichtheit und Klarheit gesagt hat. Sicherlich habe ich Menschen getroffen, die mir geholfen haben. Aber diesen Boden, in dem ich verwurzelt bin, den verdanke ich wirklich ihr, niemandem sonst.

Ich rufe mir meine Oma oft in Erinnerung, frage mich, wie sie handeln, was sie mir raten würde. Das gibt mir Kraft. Denn ich erkenne in solchen Momenten: Aufgeben ist keine Option, im Selbstmitleid stecken bleiben macht keinen Sinn. Immer wieder wird mir dann bewusst, was diese Frau geleistet hat, in ihrem Alter! Diese Bürde, nachdem ich als Baby zu ihr gekommen war, sie mich vor dem Heim bewahrte und ich bei ihr blieb bis zu ihrem Tod! Diese Verantwortung, diese ganze Arbeit, dieser Verzicht, das war der Wahnsinn.

Selbst in meinen finstersten Zeiten, in den Jahren meiner Obdachlosigkeit, habe ich an diese starke Frau gedacht. Sie war ein Grund dafür, dass ich damals nicht zum Amt gegangen bin und nie die mir zustehende Unterstützung verlangt habe.

Heute bleibt mir keine andere Wahl. Heute bin ich vom Amt abhängig, es zahlt mir mein mageres Bürgergeld und übernimmt mit Murren meine Miete. Aber ich träume davon, von der Stütze wegzukommen. Nicht nur weil das Amt mich sitzen lässt, wenn ich Sonderkosten stemmen muss; ich hätte ja Geld zurücklegen können für die Reparatur des kaputtgegangenen Kühlschranks, heißt es, für eine neue Matratze oder für den abgelaufenen Personalausweis. Sondern wegen des Misstrauens und der Schikanen, die dort ausgeheckt werden. So geht es vielen Menschen, denen ich heute als Streetworkerin helfe. So ging es den wohnungslosen Frauen, für die ich eine Selbsthilfegruppe organisiert hatte, damit sie wieder auf die Füße kamen.

Meine Oma lebte mit mir in eineinhalb Zimmern, dazu eine Wohnküche und ein Klo, alles unter einer Dachschräge. Die Wohnung war vollgestopft mit allem Möglichen. Wegen ihrer

Kriegserlebnisse hob sie alles auf, was ihr in die Finger kam. Wer zwei Weltkriege mitgemacht, alles verloren und nichts wirklich gewonnen hat, denkt wahrscheinlich, er könne jeden Fetzen noch einmal brauchen. Der alte Kleiderschrank war vollgestopft mit Hosen, Kleidern und Jacken, sogar ein Pelzmäntelchen fand sich dort, mit Hut und allerlei Geheimnissen, die ich nicht lüften durfte, denn mir war eigentlich streng verboten, den Schrank zu öffnen. Auch an die Geheimnisse in anderen Schubladen und Kommoden durfte ich mich nicht heranwagen. So steckte zwar viel Vergangenheit in unserer Wohnung, darunter ein Karton mit Fotos und stapelweise alte Zeitungen, aber meine Oma hat mir nie erklärt, was sie da aus welchen Gründen gesammelt hatte, was es ihr bedeutete, und erst recht nicht, weshalb sie mir das Stöbern verbot.

Neben dem Kleiderschrank stand mein Bett. Mehr Eigenes hatte ich nicht.

Der einzige Luxus, den wir besaßen, war ein Zweiplattenkochherd und eine Schleuder. Die Wäsche wurde in einem großen Topf auf dem Kohleherd aufgesetzt und mit einem Holzstampfer durchgewalkt. Trotzdem war meine Kleidung immer sauber. Ich bin nie schmuddelig herumgelaufen, wenn ich bei ihr gelebt habe. Ich war immer wie aus dem Ei gepellt. Ich hatte meine Alltagsklamotten und meine Sonntagssachen.

Elektrogeräte gab es bei uns nicht. Wir hatten auch keine Dusche und kein warmes Wasser, sondern all die Jahre nur die Toilette im Bad und das Waschbecken. Gebadet haben wir in einer großen Bütt, für die das Wasser auf dem Kohleofen erhitzt und dann hineingeschüttet wurde.

Bei uns wurde auch gefeiert, hauptsächlich Nikolaus. Der wurde bei uns höher gehandelt als Weihnachten. Kindergeburtstage gab es für mich nicht. Vermutlich weil ich im Dezember auf die Welt gekommen bin, da passte es, alle drei Feste, Geburtstag, Weihnachten und Nikolaus, zusammenzulegen. Am 5. Dezember abends durfte ich einen großen Suppenteller neben meine Schuhe vor die Tür stellen, damit der Nikolaus alles füllte. Wenn ich morgens erwartungsvoll auf den Flur stürmte, fand ich beides übervoll. Wie ich später erfuhr, hatten die Nachbarn zusammengelegt, um mir eine Freude zu machen.

Ich habe also Freude erlebt, aber ich kenne kein Weinen, kein Trauern, kein Trösten. Tränen waren die absolute Ausnahme: allein im Wald, beim Lernen über den hochdeutschen Vokabeln. Das war's. Ich durfte mich auch nicht über mir angetanes Unrecht beklagen. Wenn ich nach Hause kam und jammerte, jemand hätte mich beleidigt oder sogar geschlagen, fragte meine Oma: «Und warum hast du dir das gefallen lassen?» Und – klatsch – hatte ich eine kleben. «Nächstes Mal wehrst du dich!», hat sie mich angeherrscht. Und ich habe mich gewehrt, das nächste Mal. In solchen und anderen Situationen konnte meine Oma sogar jähzornig werden. Dann wurde sie gefährlich.

Ich kenne kein In-den-Arm-Nehmen, ich habe kein tröstendes oder zärtliches Kuscheln und Streicheln erlebt. Auch nicht von meiner Oma. Ich denke, weil sie selbst es in ihrer Kindheit nicht erlebt hat, konnte sie mir als Erwachsene auch keine solche Wärme geben. Getröstet werden wollen war für sie gleichbedeutend mit sich hängen lassen. Das kam nicht infrage. Trösten war in ihren Augen verweichlichen lassen. Das wollte sie mir nicht antun.

Wenn sie guter Stimmung war, hat sie mich im Rahmen ihrer Möglichkeiten verwöhnt. Ich kann mich noch genau daran erinnern, wie sie manchmal sonntagmorgens den Kohleofen in der Wohnküche angemacht hat. Sie hat dort auf dem Sofa geschlafen. Wenn ich hörte, dass sie aufgestanden war, klopfte ich an, und wenn sie mir aufmachte und drinnen der Ofen noch nicht warm war, durfte ich in ihr Bettsofa kriechen. Sie hat mir die Kaffeemühle gegeben, ich durfte sie drehen. Von meinem gemahlenen Kaffeepulver brühte sie sich einen Kaffee auf. Das war eine Ehre für mich – da war es egal, wenn mir die Arme lahm wurden. Ich war stolz – dank meiner Arbeit konnte sie sich einen Kaffee machen!

Zum Frühstück gab es an solchen Sonntagmorgen ein Ei, ich lag auf dem Sofa, halb zugedeckt, meine Oma machte mir mein Brot, schnitt es in kleine Stückchen, mundgerecht, und stellte es mir hin. Ich fühlte mich wie eine Prinzessin. So hat sie mich verwöhnt, auf ihre Weise. Das war ihre Art zu zeigen, wie sehr sie mich liebte. So schön war meine Kindheit.

Aber sie konnte mich nicht in den Arm nehmen.

Vielleicht hatte ich deshalb Sehnsucht nach einem männlichen Beschützer, einem männlichen Beistand, jemandem, an dessen Schulter ich mich lehnen konnte. Meine großen Cousins hatten einen guten Kontakt zu meiner Oma, sie haben ihr sogar ihre Freundinnen vorgestellt. Ich war glücklich, wenn sie kamen. Der eine war bei der Marine und brachte immer tolle Pakete mit. Der andere fuhr mit seinem ersten Motorrad vor. Wer durfte hintendrauf? Klein Linda. Die Straße rauf, die Straße runter. Jetzt war ich nicht nur Prinzessin, ich war Königin! Der Dritte schleppte seine Cowboy- und Indianerfiguren an, mit denen ich spielen durfte. Auch das machte mich sehr glücklich.

Trotzdem habe ich keine Verbindungen mehr zu meinen Cousins. Ich bin durch die ständigen Entführungen meiner Mutter entwurzelt worden. Und durch das, was mir später noch zustoßen sollte.

Der Tod

Mit 16 Jahren hatte ich meinen ersten festen Freund. Ich war ein hübsches Mädchen, ich habe gern getanzt und Musik gehört, von Rod Stewart bis zu den Beatles. Aber die Nächte durchmachen – das gab es nicht. Mein Freund musste mich abends um acht vor der Tür abliefern. Und wehe, wenn ich mich nicht daran hielt. Ein einziges Mal ist mir das passiert. Wir kamen eine halbe Stunde zu spät, und anscheinend hatte meine Oma schon gewartet. Sie stand plötzlich vor uns, noch bevor ich die Haustür öffnen konnte. Patsch, hat sie mir eine gescheuert, wortlos, es war ihr völlig egal, dass mein Freund danebenstand, der ganz erschrocken einen Schritt zurückwich. Ich hab es hingenommen, so war sie, ich wusste ja, dass ich ihre Vorgaben einzuhalten hatte.

Für sie war der Fall damit erledigt. Von ihren Grundsätzen abgewichen ist sie nie. Das Wochenende weg, vielleicht sogar bei meinem Freund übernachten: undenkbar. Selbst ins Kino zu gehen oder mal ausnahmsweise auf eine Party: Daran war nicht zu denken. Sie diskutierte darüber nicht. Sie entschied.

Irgendwann wurde ich dann doch rebellisch und habe mir nicht mehr alles vorschreiben lassen. Meine Oma konnte ja ihre Verbote und Anweisungen auch nicht mehr so energisch wie früher durchsetzen, sie war nun schon Ende siebzig, und das harte Leben war ihr anzumerken.

In dieser Zeit habe ich bereits in einer eigenen Wohnung gewohnt, allerdings im selben Haus. Ich durfte bei meiner Oma weiterhin duschen und essen, sie hat weiter für mich gesorgt. Ich blieb in ihrer Obhut, sie hielt immer noch die Hand über mich. Morgens kam sie rüber zu mir, holte mich zum Frühstücken, und nach der Arbeit bekam ich bei ihr das Abendessen.

Mit 16 habe ich eine Lehre als Fleischereifachverkäuferin begonnen. In einem kleinen Betrieb. Meine Chefin, eine Frau im Alter meiner Oma, die den Laden allein hochgezogen hatte, behandelte mich gut. Die Arbeit war hart und lang, aber sie machte mir Spaß.

Kurz vor meiner Gesellenprüfung bekam meine Oma eine Thrombose und musste strikt das Bett hüten. Da habe ich sie zum ersten Mal unzufrieden erlebt. Sie hatte plötzlich ihre Selbstständigkeit verloren, sie konnte kaum noch gehen, schon gar nicht aus dem Haus, meist blieb sie im Bett. Aus Tagen wurden Wochen, aus Wochen Monate. Am Ende kam sie gar nicht mehr hoch. Meine Chefin wusste davon und fragte mich, was meine Oma denn gern aß. Ich erklärte ihr, dass sie sich nie etwas Besonderes hatte leisten können, so etwas wie rohen Schinken, gekochten Schinken oder gute Salami.

Von nun an packte meine Chefin täglich reichlich davon ein und gab es mir mit. Ich schaute schon vor Arbeitsbeginn bei meiner Oma vorbei, in der Mittagspause brachte ich ihr das Wurstpaket, und abends bin ich wieder zu ihr hin.

Unser Verhältnis änderte sich, ich wurde plötzlich zur Helferin, die Rollen kehrten sich um. Das war meiner Oma überhaupt nicht recht, sie wehrte sich gegen Hilfsangebote, sie wehrte sich dagegen, bedürftig zu sein, sie knurrte mich an, wenn ich zu fürsorglich wurde. Sie wollte auch diese Krankheit mit sich selbst ausmachen, niemandem zur Last fallen und erst recht nicht abhängig von anderen werden.

Wie ich später erst erfahren habe, litt sie da bereits an Krebs, der schon gestreut hatte.

Kurz vor meinem 18. Geburtstag fand ich sie mittags, als ich Pause hatte, in ihrem Bett, unbeweglich, stumm, die Augen geschlossen. Ich habe ihr nicht die Stirn gefühlt. Ich habe sie nicht wach zu rütteln versucht. Ich wusste, sie war nicht tot. Sie konnte nicht tot sein, sie konnte nicht sterben, sie durfte nicht sterben, sie durfte mich nicht allein lassen. Eine solche Ungerechtigkeit sah das Leben nicht vor, es hatte mir schon genügend Ungerechtigkeiten beschert. Ich habe den Rest des Tages regungslos bei ihr gesessen, ohne sie zuzudecken. Ich habe einfach auf sie aufgepasst. Vielleicht auch auf mich, damit ich mir nichts antue. Oder damit ich nicht verstand, was geschehen war. Solange ich bei ihr saß, würde sie wieder aufwachen. Davon war ich überzeugt.

Dabei hatte sie mir noch am vorherigen Abend gesagt, dass sie sterben würde. Nun saß ich an ihrem Bett und erinnerte mich, wie ich ausgeflippt war, wie ich sie angeschrien hatte, sie solle so etwas nicht sagen, ich wolle davon nichts wissen.

Sie hat es mir gesagt. Ich hatte es nicht wissen wollen. Ich habe es nicht geglaubt. Ich war spät eingeschlafen und schreckte in der Nacht hoch von einem Krachen, direkt unter meinem Bett. Als hätte der Tod, ausgestattet mit einer noch ganz anderen Gewalt, als ich sie kennengelernt hatte, ihre Tür eingetreten und sie aus dem Leben geholt.

Viele Stunden saß ich bei ihr. Sie rührte sich nicht, sie wollte mich nicht mehr anschauen. Irgendwann habe ich meine Tante angerufen, sie solle kommen, Oma liegt hier, habe ich gesagt.

Ich wäre unfähig gewesen, einen Arzt zu holen oder gar die Polizei. Nicht nur weil ich nicht wusste, wie man sich in einem solchen Fall verhielt, ich vermutete, dass ich es gar nicht gedurft hätte, ich war ja nicht einmal volljährig. Schließlich kam ein Arzt. Er stellte ihren Tod fest. So muss es jedenfalls gewesen sein, wirklich gesehen habe ich es nicht. Ich hockte an der Seite meiner Oma unter einem großen durchsichtigen Tuch, kein Ton drang hindurch, ich sah nicht, wer kam oder wann jemand kam und dass meine Tante irgendwann im Raum stand, später der Arzt, vielleicht die Polizei. Das geschah alles außerhalb meines Kosmos, der nur aus meiner Oma und mir bestand.

Dann drang doch Lärm zu uns hinein. Männer polterten mit einem Sarg in die Küche und wollten meine Oma dorthinein legen. Da erwachte ich zum ersten Mal, seit ich bei ihr saß, und schrie, brüllte, wütete. So sehr, dass man mich festhalten musste und mich aus der Küche schaffte.

Das dürft ihr nicht! Sie macht doch gleich die Augen auf, dann sieht sie nichts mehr, dann bekommt sie schreckliche Angst! Ich lasse das nicht zu!

Ich musste zusammengebrochen sein, ich sah nicht, wie der Sarg hinausgetragen wurde. Mit ihr. Mit meiner Oma. Man ließ mich liegen, wo ich war, ich wurde mir selbst überlassen. Keiner blieb bei mir. Nicht an diesem Abend, nicht in dieser Nacht. Ich hatte es ja gewusst, immer war es so gewesen, niemand scherte sich um mich. Außer meine Oma.

Das Nächste, woran ich mich erinnere, war die Feier in der Trauerhalle. Da saßen ihre Kinder und meine Cousinen und Cousins. Mir war völlig schleierhaft, was passierte. Ja, da stand ihr Sarg, aber ich war sicher, sie würde den Deckel heben und wieder herauskommen. Gleich. In den nächsten Minuten. Ich verspürte keine Trauer. Denn sie war nicht tot. Sie war nicht weg.

Der Trauerzug setzte sich in Bewegung. Zu ihrer Grabstätte. Langsam zog er dahin, viele Nachbarn waren gekommen, die ganze Siedlung. Bis wir vor dem ausgehobenen Loch standen. Ich begriff noch immer nicht, was geschah, weinte keine Träne wie die anderen. War ganz ruhig. Erst als der Sarg heruntergelassen wurde, in diesem Moment verstand ich: Meine Oma kommt nicht mehr wieder. Sie ist tot. Unwiderruflich. Und ich bin erneut zusammengebrochen, direkt an ihrem Grab.

Seitdem habe ich nie mehr meinen Geburtstag gefeiert, das Datum liegt zu nah an ihrem Todestag. Meinen Fünfzigsten, der war eine Ausnahme, den habe ich 32 Jahre nach ihrem

Tod gefeiert, aber nur weil andere das arrangiert hatten. Die Feier für meinen Sechzigsten habe ich selbst organisiert. Bin ich über ihren Verlust hinweg? Ich weiß es nicht.

Nicht einmal zwei Wochen nach ihrem Todestag liegt mein Geburtstag. Und gerade drei Wochen nach meinem Geburtstag liegt der ihre. Meine Oma ist immer noch sehr real für mich, es gibt keinen Tag, an dem ich nicht an sie denke und mit ihr rede. Wäre sie stolz auf mich? Ich weiß es nicht. Ich denke, sie hat mir Clayd geschickt, meinen Hund, meinen Lebensgefährten, davon bin ich überzeugt.

Kurz nach ihrem Tod wäre ich fast zum ersten Mal obdachlos geworden. Sie hatte ja für meine Miete gebürgt und immer den größten Teil gezahlt, weil mein Einkommen als Auszubildende nicht reichte, meine 75 Mark, die ich damals erhielt. Ich hätte also rausgemusst aus meiner Wohnung, jetzt, wo ihre Unterstützung fehlte. Zum Glück half mir eine Nachbarin, Wohngeld zu beantragen. Es klappte, das Amt übernahm die Miete. Aber wie sollte ich überleben von den paar Mark Ausbildungsvergütung? Auch das kriegte ich irgendwie hin, ich würde ja bald Gesellenlohn bekommen. Bis dahin erhielt ich von meinem Ausbildungsbetrieb jede Woche ein halbes Pfund Aufschnitt und Fleisch als Zuschuss, damit ich am Wochenende über die Runden kam. Von montags bis samstags aß ich sowieso dort, morgens, mittags und abends.

Ich war noch keine 18, als sie starb. Der einzige Mensch, dem ich vertraute, hatte mich nun auch im Stich gelassen. Ich war völlig allein.

Das alles liegt viele, viele Jahre zurück. Mehr als vier Jahrzehnte. Ich habe noch eine Zeit lang in der Gegend gewohnt, bin dann aber weggezogen. Habe der Straße den Rücken gekehrt. Und das ist so geblieben.

Ich gehe schon lange nicht mehr in die Gegend zurück. Obwohl ich doch eine schöne Kindheit hatte, irgendwie. Da hocken zu viele schlechte Erinnerungen und würden mich erschrecken. Vielleicht würden mich auch die guten Erinnerungen anlächeln. Aber die habe ich sowieso immer dabei, dafür brauche ich nicht dorthin zu gehen.

Ich wohne heute ein bisschen näher am Rhein, fast schon im Herzen von Mülheim, in einer Siedlung, die Schlaumeier heute nicht mehr Mau-Mau oder Assisiedlung, sondern «sozialer Brennpunkt» nennen. Auch das nächste und das nächste und das übernächste Wirtschaftswunder ist nämlich an mir und meinesgleichen mit gehörigem Abstand vorbeigezogen und hat uns in der alten Armut und in den entsprechenden Stadtquartieren sitzen gelassen. Obwohl ich mittlerweile eine Waschmaschine habe. Und Zentralheizung. Trotzdem bleibt mir die Armut erhalten. Ich zähle auf sie. Ich rechne weiter mit ihr. Jeden Tag.

In meiner Hausgemeinschaft haben wir einen Brief geschrieben, im Sommer 2023. Mitten im Krieg sozusagen. Ich habe die anderen gefragt und darf ihn hier veröffentlichen. Der eigentliche Adressat, die Gemeinnützige AG für Wohnungsbau oder die Politik oder wer auch immer Verantwortung für die Verteilung von Reichtum und Armut trägt, hat sich sowieso nicht für ihn interessiert:

Unsere Lebensqualität ist nicht mehr das selbe.
Kaffee trinken spontan überlegen wir uns jetzt dreimal.

Existenzängste in allen Bereichen. Mutlosigkeit, Hoffnungslosigkeit, das sind die ständigen Begleiter von uns.
Einkaufen und gucken was man sich noch erlauben kann ist schon traurig.
Angst haben die Heizung anzumachen. Verlustängste, kann ich die Wohnung noch halten.
All die Gedanken hängen wie ein Damastschwert über uns.
Diese Ängste lassen uns resignieren, und das in diesem «doch so reichen Land».
Traurig, traurig.
Die Hoffnung stirbt bekanntlich zum Schluss aber sie fängt schwer an zu bröckeln an und das schlägt auf die Gesundheit und wir merken dass es damit bergab geht.

Wir haben uns bei diesem Brief um Kommaregeln und solches Zeug nicht geschert. Wer darüber stolpert oder sich über irgendwelche Worte lustig macht, hat eh nichts verstanden.

Überlebt haben wir schon in der Mau-Mau-Siedlung nicht dank schöner Worte.

II. Wenn die Straße weiblich ist

Der Herr Kaplan aus Leverkusen hat mir gezeigt, was wir so sind für die Leute. Freiwild, das sich gerne zähmen lassen würde. Oder auch: arme Würstchen. Die vernascht werden wollen. Mit Senf oder ohne, egal.

Irgendwann rief er mich an, der Herr Kaplan aus Leverkusen. Wir kannten uns nicht. Er sprach auf meinen Anrufbeantworter, nannte mit pastoraler Fröhlichkeit seinen Namen, meinte, dass er meine Website angeschaut hat, www.HiKkoeln.de, was «Heimatlos in Köln» bedeutet, mein Verein. Dann wurde er etwas verbindlicher, erzählte, ihn hätte ein älterer Herr aus der Gemeinde angesprochen. Seine Frau sei vor einiger Zeit gestorben, ob er, der Herr Kaplan, nicht irgendwie helfen könne, er sehne sich nach einer neuen Gefährtin. «Deshalb rufe ich Sie jetzt an», meinte der Herr Kaplan. «Natürlich möchte ich dem Mann gern helfen. Sie haben doch in Ihrer Gruppe viele Frauen, die auf der Straße liegen. Vielleicht ist da eine interessiert an einem älteren Herrn. Oder der Herr kommt mal einfach vorbei bei Ihnen. Dort kann er doch bestimmt eine Frau kennenlernen, also eine Gefährtin.» Er, nun meinte der Herr Kaplan wieder sich selbst, würde den Kontakt vermitteln. Und er danke für meine Hilfe. Abschließend hat der Herr Kaplan mir seine Rufnummer hinterlassen.

Ich habe den Anrufbeantworter mindestens dreimal abgehört, hatte die Kaffeetasse in der Hand, neben mir döste mein Hund Clayd. Zuerst habe ich nichts verstanden, dann etwas mehr, und schließlich hab ich gedacht, ich fall vom Glauben ab. Denn ich habe ja einen. Ich bin kirchenamtlich als evangelisch Konfirmierte eingetragen, aber liebe viel mehr das katholische Brimborium, den Weihrauch und das Glöckchenklingeln.

Weil mir beim Stichwort «Gefährtin» nicht die Tränen kommen und ich mich auch nicht in romantische Traumbilder verliere, sobald ein Mann über seine Suche nach einer solchen säuselt, hab ich meine Nachbarin rübergeholt, damit sie mit mir zusammen dem Herrn Kaplan zuhört. Vielleicht war ich ja irgendwie voreingenommen oder habe zu viele schlechte Erfahrungen mit Männern gemacht. Besser, wenn jemand Neutrales die Ohren aufsperrt, dachte ich. Mein Kaffee war inzwischen kalt, ich machte mir einen neuen, ihr ebenso.

Sie staunte genauso wie ich. Mehr noch: Wir beiden fingen an zu schimpfen. Clayd schaute mit geneigtem Kopf und gespitzten Ohren zu uns hoch. Der Herr Kaplan erzählte auf meinem Anrufbeantworter – das hatte ich bislang überhört, aber meine Nachbarin sprang sofort drauf an –, er hätte selbst häufiger mit Obdachlosen zu tun. Wen meint er?, wir schauten uns an. Waren das die armen Seelen, die an seiner Tür klingelten und um ein Stück Brot, einen Schluck Wasser oder etwas Bares bettelten? Hatte der Kaplan schon einmal mit einem obdachlosen Menschen gesprochen? Also, ein richtiges Gespräch geführt, nicht das, was er vielleicht darunter verstand, mehr also als die üblichen Sätze, die manch einer einem Bittsteller vor der Tür so hinschmeißt: Ja, hier, bitte, mehr hab ich nicht, und vielen Dank für Ihren Besuch.

Kann nicht sein, haben wir uns gedacht. Sonst wüsste er doch, dass das irgendwie Schutzbefohlene sind, für die er als Kaplan Verantwortung trägt, ob Frauen oder Männer. Oder wenn schon keine Schutzbefohlenen, dann doch Menschen, deren Probleme existenzieller sind, als gerade keinen «Gefährten» zu haben. Was hat er sich gedacht, der Herr Kaplan? Da gibt es bei HiK eine Gruppe von Frauen. Steht doch im Internet, schon im ersten Satz: «Der Verein HiK, Heimatlos in Köln, hat es sich zur Aufgabe gesetzt, obdachlosen Frauen, die zu den schwächsten Gliedern der Gesellschaft zählen, Mut zu geben und ihr Leben wieder in die Hand zu nehmen und neue Perspektiven zu entwickeln.» Was bedeutet das für den Herrn Kaplan? Diese Frauen brauchen Männer. Die nehmen sie an die Hand. Und fertig ist die Laube.

Der Versuch des Herrn Kaplan, sein älteres männliches Schäfchen ins Trockene zu bringen, folgte dem uns bekannten Muster: Frauen auf der Straße sind billig. Und zu haben. Wir hatten diese Zuordnung nur nicht bei jemandem vermutet, der angeblich einen Draht nach ganz oben hatte.

Wie oft haben wir schon erlebt – meine Nachbarin hat auch mit Obdachlosen «zu tun», sie war fast mal selbst eine –, wie männliche Helfer anfangs Klamotten anbieten, dann ein freies Zimmer, am Ende wollen sie gern eine «Gefährtin», und wenn die nicht will, ist plötzlich das Zimmer weg, und die Klamotten sind schon anderweitig vergeben.

Diese Männer glauben anscheinend, draußen auf der Straße ist immer Markttag, und Frauen ohne eigene Wohnung bieten sich da feil. Sie haben ja sonst nichts zu tun. Wenn mich Leute, die keine Ahnung haben, fragen, womit weibliche Obdachlose ihre Zeit verbringen, erzähle ich gern ein paar Geschichten, die diese Vorstellung vielleicht etwas geraderücken.

Die Geschichten drehen sich erst einmal um das Klo. Oder anders gesagt: den Toilettengang. Den Gang zu einer Toilette, die du nicht hast. Du hast keine eigene, du hast gar nichts Eigenes, jedenfalls keine eigenen vier Wände und was sich da so drin befindet. Nicht morgens, nicht tagsüber, nicht nachts. Öffentliche Toiletten gibt es nicht, eigentlich ein Unding. Aber es gibt sie nicht. Du hast Not und kannst nirgendwohin. Als Frau schon gar nicht. Männer stellen sich irgendwo an einen Baum oder in eine Ecke. Unschön, aber machbar. Es stinkt, aber du hast dich erleichtert, dir platzt weder die Blase, noch musst du dir in die Hose machen. Wer mal lange einhalten musste, ich meine: wirklich lange!, weiß, wovon ich rede. Frauen auf der Straße haben besonders am Morgen genau dieses Problem, das sie jeden Tag aufs Neue quält: Wo kann ich in Ruhe meine Notdurft verrichten? Oder weniger gestelzt: Wo ist ein Klo für mich? Verdammt noch mal! Ist es denn so schwierig, öffentliche Toiletten zu schaffen? In anderen Ländern geht das doch auch, ich denke da z. B. an die Schweiz. Bei uns wird ein Besuch in einem Café erzwungen.

Und wenn du nicht dorthin kannst, bist du aufgeschmissen.

Danach geht es weiter: Wenn du Pech hast, vergehen die nächsten Stunden damit, deine Klamotten nach der Nacht im Freien sowie Matte, Schlafsack, Decke sicher und möglichst trocken abzustellen. Schließfach? Kein Geld. Alles mitschleppen? So weit unten bist du noch nicht. Verstecken? Es gibt keine sicheren Verstecke in einer Stadt. Bekannte? Freunde? Deine letzte verbliebene Freundin will, dass du heute deinen Kram endlich fortschaffst. Beratungsstelle? Kein Platz. Also: Sachen sichern ist das Erste, womit Zeit vergeht.

Noch mehr Zeit vergeht damit, sich irgendwo etwas zum Frühstück zu besorgen. Du hast ja keinen mobilen Kaffeekocher dabei, keine Butter, keinen Belag, keinen Teller und kein Messer. Geld hast du auch nie wirklich. Also bleiben die bekannten Anlaufstellen für Hungerleider, bloß ist der Kaffee bei den meisten miserabel, und die Brötchen sind vom Vortag. Ja, es ist schon so, dass die normalen Ansprüche, die man als Mensch ans Leben stellt, nicht einfach verschwinden, nur weil man mal keine eigene Hütte hat.

Wenn du länger als Obdachlose in einer Stadt bist, kennst du die wenigen wirklich guten Anlaufstellen mit gutem Kaffee. Da kannst du aber auch nicht jeden Morgen auflaufen, sonst verscherzt du es dir mit ihnen, oder du musst dich einer Beratung unterziehen. Du willst aber nicht beraten werden. Du willst da selbst wieder rausfinden, du willst keine Sozialarbeiter, die in deiner Vergangenheit herumstochern.

Also suchst du schon mal ein echtes Café auf, bei dem du erst nach dem Essen bezahlen musst und dann eben schon abgehauen bist. Das geht aber nur einmal pro Café. Die vielen Schnellcafés, die es gibt, kassieren alle im Vorhinein, bevor du auch nur ein einziges Mal in dein Brötchen gebissen hast. Ist also nichts. Ein Klo haben sie meistens auch nicht. Manchmal gehst du aber doch in eins von denen, meist ist der Kaffee gut und nicht unerschwinglich, wenn du am Tag zuvor erfolgreich gebettelt hast. Dann ist das der einfachste Weg zu einem guten Frühstück.

Wenn nicht und wenn du zu fußlahm bist oder kein Geld für die Bahn hast, um eine der guten Anlaufstellen in einem Stadtteil weiter weg aufzusuchen, stellst du dich vor einen Supermarkt und hältst deinen Becher hin. Weil du nicht abgerissen aussiehst, bekommst du normalerweise in einer Stunde das Geld für Kaffee und Brötchen zusammen.

Manchmal auch nicht. Manchmal haben alle schlechte Laune. Oder selbst kein Geld. Dann stehst du eine Stunde und hast 1,34 Euro im Becher. Vielleicht kommt ein Typ vorbei, schwarze Haare, bleibt kurz stehen und fragt, ob du 20 Euro verdienen willst, er würde gleich um die Ecke wohnen. Du solltest dann «Fick dich selber» oder etwas Ähnliches sagen, damit er weitergeht. Wenig später bleibt ein Blonder stehen und sagt wörtlich dasselbe. Vielleicht spuckst du ihm vor die Füße. Wenn er dich schlagen will, musst du dir was einfallen lassen.

Um halb elf hast du endlich die paar Kröten für Kaffee und Brötchen zusammen. Dir ist schlecht vor Hunger, du warst noch nicht auf dem Klo, geschweige denn, dass du dich gewaschen hast. Was blöd ist. Nicht nur weil du stinkst. Sondern weil der Satz stimmt: Wer dreckig ist, kommt unter die Räder.

Du brauchtest aber als Erstes deinen Kaffee. Dann erst folgt die Körperpflege.

Womit ich beim Dritten wäre, was Zeit verschlingt: Körperpflege. Wenn man überhaupt noch Wert darauf legt. Was du tun solltest, willst du nicht als Obdachlose sterben. Platte machen darf nur ein Zwischenstadium sein. Das hoffst du doch, oder? Also Körperpflege.

Das sagt sich so leicht. Du hast kein Bad. Jemand Fremdes schließt dir seines nicht auf. Wenn du in einem größeren Café frühstückst, wo sie eine eigene Toilette haben, kannst du dir ein bisschen Wasser ins Gesicht und sonst wohin spritzen, falls nicht schon die nächste Dame aufs Klo will, um sich die Lippen nachzuziehen. Die kriegt es dann fertig und holt den Chef wegen deiner allzu freizügigen Performance im Toilettenraum. Ist mir mal so gegangen. Da bin ich achtkantig rausgeflogen aus dem feinen Laden. Ich musste nichts zahlen, sie haben die Rechnung übernommen, immerhin.

Öffentliche Wasserstellen gibt es so gut wie gar nicht mehr in deutschen Städten – in der Millionenstadt Köln sind vor einiger Zeit zwölf neu installiert worden, danke dafür. Aber dort Zähneputzen, Gesicht waschen oder sogar unter den Achseln? Und das Wasser, wie es in irgendwelchen Springbrunnen fließt? Das ist weder zum Waschen noch zum Trinken da, weil es allen Dreck mitnimmt, den die Leute da so reinschmeißen. Ich habe einmal von solchem Wasser getrunken und hatte drei Tage Kotzbrechdurchfall. Ich bin halt kein Hund. Für die Körperpflege bleiben also öffentliche Bäder. Eintritt ab fünf Euro aufwärts. Kannst du dir vorstellen, wie oft dir das möglich ist von nichts und wieder nichts?

Manchmal stellst du dich vielleicht nach dem Kaffee und dem Brötchen wieder auf die Straße und hast in einer Stunde die fünf Euro zusammen. Wenn, dann kannst du kurz vor Mittag aus deinem Kellerdepot oder sonst woher dein Handtuch und dein Shampoo holen und dich zum städtischen Frei- und Hallenbad aufmachen, eine halbe Stunde Fußmarsch. Vorher durftest du schon, oh welch Glück!, das Klo im Café nutzen. Die Bedienung gab dir den Schlüssel, nachdem sie dich kurz gemustert hat, ob du dir nicht einen Schuss setzen würdest. Aber danach siehst du nun wirklich nicht aus.

Mittags gegen zwei, sieben Stunden nach dem Aufstehen, bist du mit Frühstück und Körperpflege durch. Dazu brauchen die Sesshaften maximal eine Stunde inklusive Zeitung lesen. So ist das mit dem freien Leben unter freiem Himmel.

Aber das sind die schöneren Geschichten auf dem Markt der Möglichkeiten, der keiner ist. In Wahrheit sieht es meist viel krasser aus.

Meine Frauen-Selbsthilfegruppe

Sie drückte die Tür sehr vorsichtig und zögernd auf. Und schob ihren nach vorn gereckten Kopf durch die Öffnung, schaute verschreckt wie ein Hühnchen, das überall einen Fuchs vermutet, in den Raum, und erst als niemand sie anbellte, kam der Rest von ihr hinterher. Ich nenne sie Susi, die wahren Namen der Menschen, von denen ich hier erzähle, teile ich nicht mit.

Susi war zum ersten Mal bei unserem Treffen. Ich hatte ihr Gesicht zwar schon mal gesehen, irgendwo auf der Straße, aber in unserer Runde war sie noch nicht aufgetaucht. Sie hatte kräftige Lippen, hervorgehoben mit einem pinken Lippenstift, ihre Wangen waren ein wenig eingefallen, ihre Augen auch, aber dieser Eindruck entstand vielleicht auch wegen des dicken Kajalstrichs auf Lidern und Augenbrauen und wegen der schwarzen Wimperntusche. Ihre hellen Haare hatte sie zu einem Nest auf ihrem Kopf verknotet, das machte sie jünger, als sie wohl war. Ich schätzte sie auf Mitte dreißig.

Ich begrüßte sie mit einem freundlichen Hallo und bat sie, ihren Namen zu nennen. «Susi», murmelte sie verlegen und kaum vernehmbar. «Dann setz dich», forderte ich sie auf. «Hör einfach zu. Wenn du was sagen willst, gerne, musst dich aber melden. Das machen wir hier so, sonst geht es zu sehr durcheinander.»

Ja, die Regeln. Ich hatte anfangs überhaupt keine Ahnung, dass ich welche brauchte. Ich hatte nur endlich meinen Traum verwirklichen wollen, Frauen von der Straße zusammenzubringen, damit sie miteinander reden. Wir würden uns austauschen, uns helfen, uns einander anvertrauen. So weit der Traum. Bloß klappte das alles überhaupt nicht so, wie ich es mir gedacht hatte.

Ich hatte zu unserem ersten Treffen nur über das Plattentelefon eingeladen. So nennen wir die Art, wie wir auf der Straße – auf Platte – Informationen austauschen. Telefon meint in diesem Falle nicht das Handy, sondern die mündliche Weitergabe. Sag jemandem, der Platte macht, irgendetwas Wichtiges, und in ein paar Stunden wissen es alle anderen auch.

Linda lädt ein – das war meine Info, die an die Frauen raussollte, im Sommer 2012. Dann noch, wo und wann genau. Fertig. Obwohl, das stimmt nicht ganz. Ich hatte außerdem mitgeteilt, dass es Kaffee und Brötchen gibt. Das war mir wichtig. Ich wollte eine Begegnung organisieren, die Freude macht, die den Frauen ein Gefühl von Willkommensein vermittelt, von Sich-zu-Hause-Fühlen. Und dazu gehört nun mal, dass etwas zu essen und zu trinken da ist, weil du auf Platte nichts hast und um jedes Getränk und jeden Bissen deinen täglichen Kampf kämpfst; ich habe ja gerade davon erzählt. «Sich zu Hause fühlen», das mag übertrieben klingen, aber wenn du kein Zuhause hast, fühlst du wenigstens einen Schimmer von etwas Eigenem, wo du dich, ohne zu fragen, mit Essen und Trinken versorgen kannst.

Es klappte. Sieben Frauen kamen nachmittags um drei Uhr zu unserem ersten Treff in einem Bürgerzentrum, in dem ich einen Raum angemietet hatte.

Der Rest klappte eher nicht. Keine von uns hatte irgendeinen Plan, mich eingeschlossen. Alle waren aufgeregt, ich am meisten. Alle redeten durcheinander, oder alle schwiegen, nur das Geschlürfe aus den Kaffeetassen war zu hören und machte die Stille noch peinlicher. Wir wussten nicht, was wir sagen sollten, also quasselten wir irgendetwas, keine hörte der anderen zu, alle waren zunehmend frustriert. «Warum das Ganze? Was sollten wir hier? So was Sinnloses!» Zum Glück hatte ich Kaffee und Brötchen besorgt.

Das Geld dafür hatte ich, wie auch die Raummiete, in den

Wochen zuvor zusammengeschnorrt. Ich wollte einen Kaffee anbieten, Tee, Zucker, Milch – das kostet alles Geld! Wo sollte ich es herbekommen? Woher die Sachen? Ich hatte ja selbst nichts, ich hatte zwar seit einiger Zeit wieder ein Dach über dem Kopf und mich aus meinen tiefsten Tiefen herausgearbeitet, sogar eine zweite Ausbildung gemacht, als Genesungsbegleiterin, ein Beruf, den zwar keiner kennt, der aber mir und sicherlich einigen Frauen, die ich unterstütze, viel gebracht hat.

Aber ansonsten hatte ich nichts. Keine Ahnung, keinen Job und Geld sowieso nicht. Natürlich war ich nicht völlig schimmerlos, ich wusste immerhin, dass ein Verband wie der «Paritätische» solche unabhängigen Gruppen, wie ich sie initiieren wollte, unterstützt. Mit gut gemeinten Ratschlägen jedenfalls. Vielleicht auch mit Geld? Ich ging also zu ihrer Geschäftsstelle und stellte mein Konzept vor. Sie staunten: Das war ihnen noch nicht untergekommen, dass eine Frau, die selbst auf der Straße gelebt hatte, andere zu einer Selbsthilfegruppe zusammentrommeln wollte. Man war freundlich zu mir, ermutigte mich und stellte mir sogar eine kleine Summe in Aussicht, als Anschubfinanzierung sozusagen.

Es vergingen noch ein paar Wochen, dann hatte ich tatsächlich einen Bewilligungsbescheid im Briefkasten und die Zusage, der «Paritätische» werde die Miete für die ersten drei Monate übernehmen. Das Geld stehe dafür zweckgebunden zur Verfügung, wurde im Bewilligungsbescheid betont. Ich rief zurück, bedankte mich und erklärte, sie müssten mir schon erlauben, mit dem Geld so zu wirtschaften, wie ich es für sinnvoll hielt. Ich müsste zum Beispiel Kaffee davon kaufen, selbst wenn es dann für die letzte Miete nicht mehr reichen sollte. Ohne Kaffee und Brötchen würde das ganze Konzept nicht laufen.

Ich stritt mich ziemlich mit den Verantwortlichen herum, am Ende machten sie eine Ausnahme von ihrer Regel. Ich durfte Kaffee und Brötchen kaufen und was ich sonst noch so brauchte, damit die Gruppe nach meinen Vorstellungen zusammenkommen konnte. Was für ein Kampf für die paar Euro, dachte ich mir. Wie ich immer wieder feststellen muss, geht es nicht ohne diesen Kampf. Meine Vorstellungen von Unterstützung Obdachloser sind meist meilenweit von dem entfernt, was die organisierte Hilfsindustrie für obdachlose Frauen (und Männer) so im Kopf hat und in ihren Vorgaben festlegt.

Susi sagte an diesem Tag kein Wort, sie machte nicht ein einziges Mal den Mund auf. Aber ich sah ihr an, dass es für sie total wichtig war, unter den anderen Frauen zu sein und einfach nur zuzuhören. Sie entspannte sich, traute sich nach einer halben Stunde aufzustehen und sich einen Kaffee zu nehmen, und nach einer weiteren halben Stunde nahm sie sich sogar ein Brötchen. Ich hatte sie vorher geschmiert, es war genug für alle da. Was nach den zwei Stunden übrig blieb, nahmen die Frauen mit.

Susi erzählte erst nach einigem Abwarten, Abtasten und Nachspüren und manchmal nur unter vier Augen, was sie bedrückte. Sie war beim Sozialdienst katholischer Frauen, kurz SkF, in einer betreuten Einrichtung untergekommen. Das ist nicht leicht, sie hatte zuvor ihre «Wohnfähigkeit» unter Beweis stellen müssen, durch zahlreiche Gespräche mit den zuständigen Sozialarbeiterinnen. Obwohl sie nun endlich von der Straße runter war, hat sie es dort nicht lange ausgehalten.

«Ihr könnt euch nicht vorstellen, wie das ist», erzählte sie uns irgendwann. «Am besten hast du immer eine Stoppuhr dabei, die klingelt, wenn du was machen musst, also zum Essen kommen, vor die Tür gehen, deinen Gesprächstermin wahrnehmen, dein Zimmer vorzeigen. Noch schlimmer ist, du musst alles schlucken.»

Sie meinte damit, dass sie mit den Mitarbeiterinnen und mit den anderen Bewohnerinnen unbedingt klarkommen musste. Auf der Straße musst du das nicht, da kannst du ausweichen und für dich bleiben, wenn dich gerade jemand genervt hat, da musst du einen Konflikt nicht ausdiskutieren oder irgendeinen Kompromiss suchen, du haust einfach ab. Deshalb verlernen manche Frauen auf der Straße das Miteinander, das Gespräch, die Suche nach der Lösung eines Konflikts, die Suche nach einer Übereinkunft. Falls sie es vorher überhaupt konnten.

Susi hatte große Probleme damit. Mit einer der Mitarbeiterinnen in der Einrichtung hatte sie dauernd Zoff. Das ist nicht wirklich verwunderlich. Die Frauen leben in solchen Einrichtungen auf engstem Raum; alle bringen schwere, schlimme Schicksale mit, schnell entstehen Spannungen, heftige Sympathien und noch heftigere Antipathien, auch gegenüber den Mitarbeiterinnen.

«Ich hab direkt eine Abmahnung kassiert», erzählte Susi, «nur weil ich dieser blöden Ziege klargemacht habe, sie soll sich nicht in meine Angelegenheiten einmischen. Okay, ich war etwas laut», gab sie zu, «aber sie war auch wirklich zu blöde. Sie wollte mir verbieten, mich mit meinem Ex zu treffen. Der ist nichts für dich, meinte sie. Kann ja sein, aber das entscheide noch immer ich.» Und sie haute mit der Hand auf den Tisch, dass ihr Kaffeebecher fast umgekippt wäre.

«Keine Sorge», sagte ich, als sie kurz Luft holte, «wir verbieten dir das nicht.» Zwei von den anderen Frauen lachten. Sie sah hoch, ihren Bericht hatte sie nämlich, den Kopf nach unten, in den Fußboden gestanzt, anfangs leise, dann zunehmend lauter.

Die zweite Abmahnung kam schneller, als Susi erwartet hatte. Und damit flog sie aus dem Heim. So waren die Regeln. Zwei Abmahnungen bedeutete: fristloser Rauswurf. Wo sollte sie bleiben? Wieder auf die Straße? Sie hatte Angst davor, richtige Angst, denn bevor sie beim SkF Unterschlupf gefunden hatte, war sie nachts angegriffen worden. Es war nichts passiert, sie konnte sich erfolgreich wehren, nur ein blaues Auge blieb ihr, für zwei Wochen.

Also flüchtete sie zu einem dieser Wohnungslosenfreier. Nicht das erste Mal. Was das für Leute sind? Ganz einfach: Männer, die die Straße als Markt betrachten (hallo, Herr Kaplan!!) und die Frauen, die sie dort finden, als Ware. Gäbe es keine obdachlosen Frauen, würden diese Männer vermutlich ins Bordell gehen. Aber so sparen sie Geld und haben es gemütlicher als im Puff, aus dem sie nach ihrer Nummer wieder rausfliegen. Wohnungslosenfreier haben ein Auge für Frauen, die auf der Straße leben. Sie erkennen sie an ihrem Gang, ihren Blicken, ihrer Ruhelosigkeit, ihrer Suche nach einem Fleck, einer Bank, einem Mäuerchen, wo sie sich hinsetzen und ausruhen können. Für die völlig heruntergekommenen Frauen, denen sich die Obdachlosigkeit schon ins Gesicht und in die Klamotten eingeschrieben hat, interessieren sich diese Männer nicht.

Susi sah nicht schlecht aus, sie gehörte zu den Frauen, denen ein Normalo auf den ersten Blick nicht ansah, dass sie kein Dach über dem Kopf hatte. Aber dieser Typ hatte sie bald ausgemacht, vor vielen Monaten schon. Und sie angesprochen, ihr ein Zimmer angeboten, in dem sie sich ausruhen könne. Sie hatte eingewilligt. Das erste und nicht das letzte Mal. Jetzt kam sie also wieder zu ihm angekrochen. Ja, angekrochen, ich rede jetzt mal so, wie diese Männer das sehen. Sie fühlen sich nämlich als Helden, als Retter in der Not, als Wohltäter, als großherzige Frauenförderer, die mit vollen Händen Geschenke austeilen.

Susi zuckte die Schultern, als sie ein paar Wochen später wieder zu unserem Treffen kam. «Ich konnte bei ihm duschen, kochen, das Licht abends ausmachen. Ich wusste ja, worauf ich mich einlasse», sagte sie. Und schwieg. Keine von uns sagte etwas. Wir wussten, was sie meinte. Warum noch groß Worte darüber verlieren. Wir wussten: Nichts war großherzig an diesen Helden, nichts gab es umsonst, nichts war Rettung. Auch deshalb taten wir uns gut: weil wir das wussten.

Susi gab dem Helden Sex, widerwillig. Das war der Preis. Wenn es nicht so lief, wie er wollte, schlug er zu. Er war Alkoholiker. Wenn er betrunken war, schlug er erst recht, weil dann sowieso nichts mehr so lief, wie er wollte.

Susis Problem war: Sie hatte keine Alternative. Aus der

SkF-Einrichtung war sie rausgeflogen, eine eigene Wohnung bekam sie allein schon wegen der wenigen freien Wohnungen nicht, die erschwinglich gewesen wären; außerdem hatte sie einen Schufa-Eintrag, wegen Mietschulden. Die Notschlafstellen konnte sie nicht ertragen: allein der Dreck und dann noch die Unmöglichkeit, den eigenen Ansprüchen an Körperhygiene auch nur halbwegs genügen zu können. Wenn zu viele Frauen nur ein Klo haben und nur eine Dusche, geht halt nichts. Sie hatte über den Dreck gemeckert, deswegen nahmen mehrere Notschlafstellen sie nicht mehr auf. Also wieder zu diesem Typen.

Über Jahre ging das so. Wie heißt es so schön: zwischen Pest und Cholera, Pest und Cholera, Pest und Cholera, Pest und Cholera.

Susi fand nicht heraus aus dem Kreislauf.

Ich hatte bei unseren wöchentlichen Treffen von Anfang an kein Thema vorgegeben. Aber ein paar Grundregeln habe ich dann doch recht schnell eingeführt. Für mich selbst galt als Regel: Ich organisiere das Geld, kaufe ein, schaffe alles in das Bürgerzentrum, bereite den Tisch vor; niemand muss dafür bezahlen, keine Umlage, keine erzwungene Mithilfe. Dann trudeln die Frauen nach und nach ein, setzen sich in die Runde. Mal waren es fünf oder zehn, manchmal waren es zwanzig Frauen. Viele kamen nur einmal und dann nicht wieder. Alle sollten sich kurz vorstellen, nur mit ein paar Sätzen: «Ich bin Eva. Mir geht's heut nicht gut. Den Rest erzähl ich später.»

Jede, die wollte, konnte erzählen, was ihr an diesem Nachmittag wichtig war, ein Problem, das sie beschäftigte, eine

Gegebenheit. Das mochte der bevorstehende Gang zum Sozialamt sein oder das zurückliegende Gespräch mit einer Freundin oder der Streit mit dem Partner oder was auch immer.

Susi berichtete über ein Jahr lang von ihren Verzweiflungen zwischen dem Dreck auf Platte und dem Dreck im Unterschlupf bei diesem Typen. Sie sah keine andere Option für sich. Ratschläge prallten an ihr ab. Wenn andere Frauen davon erzählten, dass es auch bessere betreute Wohnungen gäbe, winkte sie ab. Sie sah immer nur diesen Typen als einzigen Fluchtpunkt von der Straße oder aus der Notschlafstelle. Es wurde immer enger für sie, ein Netz zog sich zu, in dem sie zappelte und strampelte und aus dem sie kein Entkommen sah.

Auch wenn wir in den vielen Monaten in der Gruppe keine Lösung für Susi fanden, wichtig war trotzdem, ihr und den anderen Frauen einen Ort zu bieten, wo sie keine Angst vor Repressalien haben mussten. Wo sie sich auskotzen konnten, über den Typ, über eine Einrichtung, über Bettnachbarn, über einen Sozialarbeiter. Deshalb kam Susi ja auch wieder. Ein einziges Mal hatte die Kritik einer Frau in unserer Runde negative Konsequenzen: Sie flog aus ihrer Einrichtung, weil eine andere von uns sie denunziert hatte. Das war bitter und hat unsere Gruppe nur deshalb nicht gesprengt, weil ich die Denunziantin vor allen anderen zur Rechenschaft gezogen und ihr für alle Zeit Hausverbot bei uns erteilt habe. Es blieb ein einmaliger Fall von Verrat.

Danach erweiterte ich meine Regeln. Durchgesetzt hatte ich sehr schnell: Ihr lasst einander aussprechen. Ihr guckt euch gegenseitig an, wenn ihr miteinander sprecht. Wer kommt, ist nüchtern, kein Alkohol, keine Drogen. Das war ein Ausschlusskriterium. Und jetzt noch: Was wir hier besprechen, bleibt unter uns. Nichts geht nach draußen. Die letzte Viertelstunde habe ich eine Befindlichkeitsrunde gemacht. Jede konnte sagen, was sie mitnimmt von dem Nachmittag. Die meisten haben etwas gesagt.

Sexualisierte Gewalt

Susi verfiel in dieser Zeit. Einmal kam sie betrunken in die Gruppe, und ich schickte sie weg. Ich musste streng sein, durchgreifen. Sonst wäre mir alles um die Ohren geflogen. Ich fragte mich damals mehr als einmal, ob meine Gruppe wirklich Sinn machte: in einer Umgebung, die obdachlosen Frauen feindlich gesinnt ist, in einer Gesellschaft, die ihnen keine Wohnungen vermitteln kann oder will, im Gestrüpp von Ämtern und Hilfsorganisationen, die ihre eigene Agenda haben, mit der die Frauen sehr häufig nichts anfangen können. Wir leben in Feindesland. Wir sind umzingelt.

In diesem Umfeld waren wir hilflose Gestalten, die sich selbst kaum helfen konnten. Wie bitter es war, sich aufzureiben und nichts ändern zu können. Ich selbst hatte ja auch nichts, bekam dünnes Geld vom Sozialamt, weil ich erwerbsunfähig geschrieben war, und verdiente auch als Organisatorin meiner Selbsthilfegruppe keinen Cent.

Aber wie mir meine Oma schon eingetrichtert hatte: Aufgeben ist keine Option. Außerdem bestätigten wir einander Woche für Woche, wie wichtig wir füreinander waren, allein schon durch unsere Anwesenheit. Dass es diese zwei oder drei Stunden gab, in denen uns niemand scheel ansah, keine mit Verachtung gestraft wurde, jede sich anvertrauen konnte, auch wenn es nur wenige Worte waren. Oder in denen wir Stopp-Zeichen setzen konnten, Warnungen aussprechen, uns vor noch größeren Schäden bewahren konnten. Was für Schäden ich meine?

Wenn eine Frau sich alleine auf der Straße durchschlagen muss, lauern nicht nur die Wohnungslosenfreier. Es gibt auch professionelle Zuhälter, die ebenfalls einen Blick für Frauen entwickelt haben, die obdachlos sind. Deren Methode ist noch brutaler als die ihrer Konkurrenten: Sie versuchen, die Frauen anzufixen, sie süchtig zu machen, um sie dann auf den Strich zu schicken und Kapital aus ihrem Körper zu schlagen. Einzige Voraussetzung: Die Frau muss einigermaßen passabel aussehen und möglichst jung sein. Viele obdachlose Frauen sehen gut aus. Normalbürger mögen das nicht glauben. Weil sie eine falsche Vorstellung von den Realitäten auf der Straße haben. Nicht die armseligen Gestalten machen die Mehrheit der Obdachlosen aus. Die meisten von ihnen sind gut gekleidet, verhalten sich unauffällig, achten auf ihr Äußeres. Das gilt besonders für Frauen.

Als würde es mit Wohnungslosenfreiern und Zuhältern nicht reichen, geht es noch auf andere Weise schlimm zu. In der Gruppe auf Platte nämlich. Nicht am Anfang, da gibt es noch Hoffnung: Erfahrene Männer nehmen junge unerfahrene Frauen mit in eine Gruppe, die gemeinsam Platte macht.

Sie bieten ihnen den Schutz der Gruppe an, das gemeinsame Organisieren des Überlebens, den geheimen Platz irgendwo im Park oder in einem Abbruchhaus. Da sind Verstecke eingerichtet, Planen gespannt, um sich vor fremden Blicken und besonders dem Ordnungsamt zu schützen, vielleicht sind auch Decken und anderes besorgt. Die Gruppen sind meist gut organisiert. Die einen räumen auf, andere gehen schnorren, ein Dritter passt auf die Sachen auf.

Wo die Gruppe Platte macht, geht niemanden von außerhalb etwas an. Das wird absolut verschwiegen. Aus guten Gründen der Sicherheit. Stell dir vor, jeder wüsste, wo welche Platte ist. Da würden die Leute ausgeraubt, überfallen – das geht gar nicht. Deshalb ist das oberste Gebot: nie sagen, wo die Platte ist, und bloß keine Fotos zeigen. Und wenn du einen Freund in deine neue Gruppe hineinholen willst, musst du ihn erst einmal vorschlagen. Dann wird er gecheckt. Es kann klappen, muss aber nicht, der Chef hat das letzte Wort. Denn in einer solchen Gruppe gibt es immer den Plattenchef, ohne den geht gar nichts.

Jemand, der mit so großer Macht ausgestattet ist, kann seine Machtposition auch ausnutzen und übergriffig werden. Es kann sogar passieren, dass er eine Frau vergewaltigt. Oder andere aus seiner Gruppe deckt, die das tun.

Ich kenne nicht nur ein Mädchen, das aus dem Heim ausgebrochen ist, weil es ihr da nicht gut ging, das dann mit 13, 14 oder 15 auf der Straße landete, von der großen Freiheit träumte, ohne Verpflichtungen, ohne Zugriff von Ämtern und Behörden. Und schließlich in einer solchen Gruppe Schutz fand, sich entspannen konnte, sich freute über die neue Zuwendung. Dann explodierte der Übergriff in ihr Leben, der Missbrauch, die Vergewaltigung. In dieser Gruppe, die ihr so etwas wie Familie wurde! Ihr Vertrauen ist zertreten, ihre kleine neue Heimat niedergebrannt, ihre winzigen Hoffnungen, die dort gekeimt sind, sind zerhackt.

Daniela kam nicht in unsere Gruppe. Ich habe mich mit ihr nur unter vier Augen getroffen. Sie fiel mir auf, weil sie ungewöhnlich große Angst hatte, schon wenn man sich ihr nur genähert hat. Sie lebte allein, schien mir verwahrlost, aber sie war nicht auf Droge, sie trank nicht einmal Alkohol. Sie war schön, das konnte ich unter ihrer Schicht aus Pullovern, Decken und aus Abwehr sehen. Und sie war sehr verstört, auch das konnte ich hinter der steinernen Fassade erkennen, die sie vor ihr Gesicht gemauert hatte.

Daniela musste mir die Einzelheiten nicht erzählen und wollte das auch nicht. Die Andeutungen haben mir gereicht. Ich kannte sogar den Chef ihrer Gruppe, der der Täter war. Doch auf Platte gilt noch mehr als sonst: wo kein Kläger, da kein Richter. Ich habe Daniela gar nicht erst zu überreden versucht, zur Polizei zu gehen. Sie wusste, dass das besser wäre. Wenn sie keine Anzeige erstattete, würde die Tat nicht verfolgt werden, der Täter würde weitermachen, sein Raum würde der bleiben, der er schon war: ein Schutzraum für ihn. Und eine Falle für Frauen.

«Ich gehe nicht zur Polizei, es hat keinen Sinn. Das ist Selbstmord.» Mehr hat sie nicht gesagt, und mir war völlig klar, was sie meinte. Mir ist es nicht gelungen, auch nur eine obdachlose Frau wegen sexueller Gewalt zur Polizei zu begleiten. Sie machen es nicht. Sie weigern sich. Ihr erster Grund ist: Die Polizei haben sie nur als Gegner kennengelernt, zum Beispiel als Heimkind oder irgendwo auf der Straße. Von Polizisten ist auch Daniela mehrfach einkassiert und zurück ins Heim verfrachtet worden. Für Polizisten sind wir Menschen dritter oder vierter Klasse. Ausnahmen bestätigen die Regel. Uns schlägt schon im Alltag eine solche Verachtung von ihrer Seite entgegen, dass wir ihre Hilfe nicht anfragen. Prinzipiell.

Vergewaltigte Frauen auf Platte stehen aber noch unter einem anderen Druck. Sie kommen von der Straße nicht runter, aus den genannten Gründen. Sie können also den Ort der Tat nicht verlassen. Sie können nicht einmal in eine andere Stadt fliehen. Die hochgelobte Freizügigkeit, die die normalen Bürgerinnen und Bürger genießen, gilt für Obdachlose nur eingeschränkt. Oft weigern sich Sozialämter, einer zugezogenen Obdachlosen Unterstützung auszuzahlen, weil sie ja «grundlos» den Ort verlassen hat, an dem sie Unterstützung bezogen hat. Frauen hängen also nach einer Vergewaltigung und auch nach einer eventuellen Anzeige am Ort der Tat fest. Das Amt öffnet keine Tür nach draußen. Da bittest du den «Rechtsstaat» besser nicht um Hilfe. Weder Sozialamt noch Polizei. Das ist der zweite Grund, warum diese Frauen den Mund halten.

Der dritte Grund dafür, sexualisierte Gewalt nicht bei der Polizei anzuzeigen, ist der Ehrenkodex in der Szene. Wenn du einen verzinkst, hast du nichts mehr zu lachen. Du kannst dich nirgendwo mehr blicken lassen. Das ist der Selbstmord, von dem Daniela sprach. Du bist ja angewiesen auf die anderen, auf einen guten Blick, einen Händedruck, auf Adressen, auf Suppenküchen, auf eine ruhige Nacht, auf Nothilfe, auf alles Mögliche.

Daniela hatte eine Vergewaltigung hinter sich, sie war psychisch geschädigt, sie war traumatisiert. Sie hätte eine Therapie bekommen müssen und einen Schutzraum. Aber die Voraussetzungen, die dafür nötig waren, existierten nicht. Keine Wohnung, zu wenig einfühlsame, ja feindlich gesinnte Behörden. Das gewaltige und gewalttätige Misstrauen gegenüber Obdachlosen. Daniela war und blieb sich selbst überlassen.

Bis ich davon erfahre

Um von solchen Gewaltakten zu erfahren, muss ich jemanden sehr lange begleiten. Sogar in der Selbsthilfegruppe haben wir über solch intime Erlebnisse nicht gemeinsam sprechen können. Das war tabu. Und obwohl ich viele Frauen lange kannte, brauchte es den besonderen Moment, in dem sich eine Frau zu reden traute, irgendeine spezielle Situation, einen Klang, einen Duft – ich weiß es nicht.

Vor allem sehr junge Frauen schwiegen. Sie wussten, dass ich ihnen nichts anbieten konnte. «Geh ins Heim, ins Mädchenwohnheim» war keine Option. «Du bist bekloppt», hätten sie geantwortet, «da bin ich doch gerade hergekommen.» Waren sie unter 25, kassierte sie das Jugendamt ein, wenn es davon erfuhr. Dagegen kam eine Helferin nicht an. Ich konnte bei ihrer Versorgung helfen, mit ihnen reden, ihnen signalisieren: Ich bin da. Mehr konnte ich nicht.

Ich habe lernen müssen, das auszuhalten. Auszuhalten,

dass ich nichts machen konnte. Dass ich warten musste, bis die Frau sagte: «Ich möchte dir etwas erzählen, dir allein, ich möchte vielleicht auch deinen Ratschlag hören.» Ich wusste nie, wann das sein würde. Vielleicht dann, wenn ich ihr gerade ein Brötchen und einen Kaffee ausgegeben hatte. Oder weil die Sonne durch die Wolken lugte. Oder weil es regnete. Und auch in einem solchen Gespräch sagten mir manche, ich will keine Hilfe. Auch das musste ich aushalten. Während ich zusah, wie sie vergingen, absackten, zerfielen.

Ich musste akzeptieren, dass Menschen mit solchen Gewalterfahrungen ihre eigenen Werte haben und deshalb anders ticken. Ich hatte das ja selbst erlebt und so anders getickt, dass mich niemand mehr auch nur im Entferntesten erreichen konnte.

Obwohl ich zu wissen glaubte, Susi oder Daniela oder wer immer sollten etwas anderes tun als das, was sie gerade mit ihrem Leben anfingen: Ich musste das akzeptieren, musste sie lassen, vielleicht sogar noch bestärken, weil ich froh sein musste, dass sie sich überhaupt noch bewegten. Ich habe mich deshalb bemüht, immer auf das Positive zu schauen, und wenn es noch so winzig war. Wenn ich Tränen gehabt hätte, hätte ich darüber geweint: über meine Ohnmacht und über die Ausweglosigkeit meiner obdachlosen Frauen. Wenn ich fühlte, wie es unter ihrer Oberfläche brodelte und kochte, sie aber keine Worte fanden; wenn ich sah, wie sie sprechen wollten, aber stumm blieben; wenn ich hörte, wie sie schluchzten oder manchmal laut heulten und keinen Satz zuwege brachten; wenn ich sah, wie das erlittene Leid an ihrem Körper riss, wie ihre Haut aufplatzte, wie sie hechelten und kein Ton kam:

Ich hätte ersticken können an den ungesagten Geschichten und an meiner Ohnmacht.

Manchmal versuchte ich, sie zu irgendeinem Tun anzuregen, zu einem Besuch der Kleiderkammer meinetwegen. Aber auch das konnte scheitern, wenn die nämlich überhaupt keine Ressourcen mehr hatten. Ich musste einen starken Instinkt dafür entwickeln, wann ich etwas sagen durfte und was, und musste sehr genau auf meine Worte achten. Ich durfte nicht beurteilen und nicht verurteilen. Und in unserer Selbsthilfegruppe durfte ich nicht mit unverständlichen Regeln wie in einer Einrichtung daherkommen. Die Regeln, die für uns entstanden sind und die ich durchsetzte, durften nur wenige sein und unmittelbar einsichtig.

In vieles musste ich mich einarbeiten, die Rechte von alleinerziehenden Müttern, Übergriffe des Sozialamtes, gesundheitliche Störungen, Borderline, Drogen, Gewaltschutz. Was für Herausforderungen waren das, wenn ich die Frauen zum Amt begleitete! Ich musste den Sachbearbeitern Paroli bieten, ich musste die Gesetze kennen – ich musste sie besser kennen! Unerlässlich war, dass ich mich vernetzte, damit ich im Falle eines Falles einen guten Anwalt, einen guten Arzt empfehlen konnte. Und natürlich scheiterte ich auch. Immer wieder. Ich scheiterte daran, dass einige Frauen mich ablehnten. Dass einige enttäuscht waren, weil ich sie nicht retten konnte. Dass sich einige von meiner manchmal harschen Art abgestoßen fühlten. Dass einige sich gegen mich verbündeten, weil ich ihnen zu mächtig schien.

Trotzdem war unsere Selbsthilfegruppe im Wesentlichen eine Erfolgsgeschichte. Etliche Frauen haben hier wieder gelernt, Termine einzuhalten. Wir hatten die Regel, wer 15 Minuten zu spät kommt, darf nicht mehr rein. Zwei Frauen sind durch die Gruppe wieder in den ersten Arbeitsmarkt gekommen. Sie lebten bis dahin auf der Straße und in Notunterkünften. Den eigentlich vom Hilfesystem vorgesehenen Umweg über die «Bewährung» im betreuten Wohnen verweigerten sie, die Frauen hatten mit dem negativen Mitarbeiterverhalten in den Institutionen große Probleme: dieses Bevormunden! Diese Arroganz und Überheblichkeit! Mehr als einmal haben sie gestöhnt: Ich bin doch nicht im Straflager!

Vielen Frauen und auch Männern, mit denen die Trägereinrichtungen überfordert waren, weil die nötige sehr individuelle und sehr schnelle Hilfe das System sprengte, konnte unser Verein spontaner helfen, mit gezielten Spendenaufrufen oder einfach mit Bargeld. Ich musste keiner Behörde und keinem Geldgeber Rechenschaft ablegen. Wer dem Verein «Heimatlos in Köln» (HiK) Geld gab und gibt, tut das in dem Vertrauen, wir machen damit das Richtige.

Diese Freiheit wollte ich bewahren und bekam deshalb Probleme, als ich Geld von der Stadt annahm. 2020 unterstützte die Stadt Köln HiK mit 20 000 Euro. Als ich in der Lokalpresse weiterhin die städtische Wohnungs- und Sozialpolitik kritisierte, erhielt ich einen Anruf: Ich hätte doch Geld von der Stadt bekommen, da seien solche Äußerungen nicht mehr angebracht. Ich habe das Geld sofort zurücküberwiesen.

Um dem oft trüben Alltag auf der Straße ein Schnippchen zu schlagen, organisierte ich im zweiten Jahr der Selbsthilfegruppe eine Nikolausfeier. Es wurde ein wunderbarer Nachmittag, alle hatten sich schick gemacht, ich hatte Geld gesammelt, um jeder Frau ein kleines Geschenk überreichen zu können. Es war ein kleines Armband. Nicht der Wert, die Wertschätzung trieb den Frauen die Tränen in die Augen. Susi reckte ihren Arm mit dem neuen Armband in die Luft und begann zu singen. Sie drehte sich im Kreis zu «Dancing Queen», das sie hinausschmetterte, als stünde sie auf einer Bühne vor Tausenden Zuschauern. Sie hatte Talent! Und wir klatschten wild, als sie sich schließlich verbeugte wie ein Star.

Ich traute mich sogar auf ein Parkett, auf dem uns die Normalbürger sicher nicht vermuten würden. Ich organisierte Lesungen. Es kamen Profis, gestandene Autorinnen und Autoren, die in Köln einen guten Ruf hatten, und lasen aus ihren Texten. Einige waren im «Draussenseiter» veröffentlicht worden, einer Obdachlosenzeitung, die monatlich erscheint. Zur zweiten Lesung erschien Daniela. Ich freute mich sehr, ich hatte sie schon länger nicht gesehen. Das Programm war wie für sie gemacht, denn eigentlich war Daniela eine Literatin. Oft hatte sie mir davon erzählt, wie gern sie gelesen und welche Bücher sie schon verschlungen hatte.

Das war, kurz bevor es mit der Selbsthilfegruppe zu Ende ging. Wir konnten die Räume nicht mehr bezahlen, die Spenden flossen nicht im nötigen Umfang. Außerdem schaffte ich es nicht mehr, mit dem vollen Einkaufstrolley und mit Clayd an meiner Seite per Bahn und Bus kilometerweit durch die Stadt zu fahren. Mit meiner Gesundheit ging es bergab.

Drei Jahre war unsere Selbsthilfegruppe am Start, von 2014 bis 2017. Dann zerstoben die Frauen in alle Winde. Obdachlose sind nicht unbedingt darauf erpicht, ihr prekäres Dasein zum Lebensinhalt zu machen. Sie definieren sich nicht über diesen Zustand, sondern hoffen meistens, dass er möglichst bald ein Ende findet.

Deshalb sind mir keine Kontakte aus dieser Zeit geblieben.

Susi fand kurz vor unserer Auflösung den Weg von der Platte in eine Wohngemeinschaft, die sie gemeinsam mit drei anderen Frauen aus unserer Gruppe aufbaute. Kein leichtes Unterfangen, denn in der Wohnung 24 Stunden am Tag miteinander klarkommen zu müssen, das sorgt für viel Konfliktpotenzial. Die Frauen wollen ja gar nicht unbedingt zusammenwohnen. Sie haben nur keine Chance auf eine eigene Wohnung. Es gibt einfach keine, und wenn doch, ist sie zu teuer, und das Sozialamt weigert sich, die Miete zu übernehmen. Sehr bald krachte es, und leider flog das ganze Projekt nach nur wenigen Monaten wieder auseinander.

Auch Daniela habe ich aus den Augen verloren, irgendwann war sie weg von ihrem Stammplatz. Auf der Lesung, die ich organisiert habe, hat sie mir noch einen Text in die Hand gedrückt und gefragt, ob ich ihn vielleicht veröffentlichen könnte. Daniela hat nämlich nicht nur gelesen, sondern auch geschrieben. Kürzere oder längere Geschichten, sie war sehr klug, eigentlich eine Intellektuelle. Ich sage das ohne Wertung. Ich sage das mit einem Gefühl von Hochachtung vor dieser jungen Frau.

III. Mein Untergang. Mein Weg zurück

Dieser Tag steckt in Watte. Oder ist in Flammen gehüllt. Ich kann nur schwer dahin zurückschauen. Mir wird heiß. Oder übel.

Ich stand in meiner Wohnung, mein Mann hatte sie schon verlassen, er hatte wenig mitgenommen, ein paar Kleidungsstücke, nichts von der Einrichtung, keine Lampe, keine Gläser, kein Besteck. Bei seinen Eltern hatte er Unterschlupf gefunden. Ein elender Feigling, gar nicht das Großmaul, als das ich ihn kannte. Der Gerichtsvollzieher hatte sich angekündigt. Danach war mein Göttergatte getürmt.

Ich schaute mich um, alles war wie immer. Unsere Möbel, nicht vom Feinsten, aber funktionstüchtig, mit den üblichen Gebrauchsspuren, ein Kratzer hier, eine Delle dort. Die Küche mit dem leeren Esstisch, kein Obst, keine Blumen, keine Zuckerdose, nur meine Kaffeetasse, halb ausgetrunken, der Abdruck meiner Unterlippe am Rand. Wir schrieben das Jahr 2006, Spätherbst, die Blätter waren nicht mehr bunt, die letzten lagen schwarz verfault im Straßendreck, an den Bäumen die Äste kahl. Deutschland hatte sein Sommermärchen hinter sich, war Dritter bei der Fußballweltmeisterschaft geworden, hatte sich, wie man so sagte, weltoffen präsentiert. Ich hatte nichts davon, ich war Letzte. Letzte mit meinem Einsatz, den ich ins Spiel geworfen hatte, Verliererin, nicht mal mehr in der Abstiegszone, sondern definitiv und komplett abgestiegen.

Es klingelte. Dieser harmlose Satz aus nur zwei Worten taucht wohl unvermeidlich in jeder Geschichte auf, die von einer Zwangsräumung handelt. «Es klingelte.» Ich stand weiter wie angewurzelt. Schaute auf die Weihnachtsdekoration, die ich schon aufgehängt hatte, eine Lichterkette, glitzernde kleine Kugeln. War letzten Sonntag schon der erste Advent gewesen? Oder kam er erst?

Es klingelte. Sie hatten sich angekündigt. Also mussten sie klingeln. Oder die Tür aufbrechen. Wer noch keine Zwangsräumung erlebt hat, macht sich von der Gewalt, die da in eine Wohnung hereinbricht, keine Vorstellung. Ich hatte noch keine Zwangsräumung erlebt. Es klingelte. Ich stand in der Küche. Die Wohnung lief auf meinen Namen, wir hatten Mietschulden. Wir konnten schon seit Monaten nicht mehr zahlen, weil ich einen Zusammenbruch erlitten hatte. Einen kompletten Zusammenbruch. Ich war deshalb aus meinem Job geflogen. Keine schlechte Arbeit. Ich war bei der Gemeinde als Putzkraft angestellt. Unser Team arbeitete selbstständig. Wir reinigten die Grundschule in Elsdorf, einer kleinen Stadt dreißig Kilometer westlich von Köln, wo wir vor Jahren eine bezahlbare Wohnung gefunden hatten.

Zusammenbruch hieß in meinem Fall: Ich konnte mich nicht erklären, gegenüber meinem Arbeitgeber nicht, gegenüber meinem Vermieter nicht, gegenüber dem Gericht nicht, das den Antrag auf Zwangsräumung durchgewunken hatte: Auch mir selbst gegenüber konnte ich mich nicht erklären. Ich begriff das alles nicht. Fern war alles. Fremd. Ich fand gar nicht statt. Ich irrte umher. Durch die Wohnung, durch die Straßen. Ich irrlichterte, flackerte. Ich sah Lichtreflexe, die von feindlichen Gegenständen zurückgeworfen wurden und mir in die Augen stachen. Oder ich verlor mich in grauen Nebeln, die mich umgaben. Oft schloss ich die Augen und vergaß, sie wieder aufzumachen. Briefe ließ ich ungeöffnet liegen. Telefonische Nachfragen, die sich auf meinem Anrufbeantworter häuften, nahm ich nicht zur Kenntnis.

Ich hörte einen Schlüssel in meiner Tür. Er wurde von außen ins Schloss geschoben. Ein Stochern, ein Prokeln, ein Hin-und-her-Drehen. Dann wurde er wieder herausgezogen. Ein nächster Schlüssel, kein Stochern, er schien nicht hineinzupassen.

Vor meinem Zusammenbruch ackerte ich gleichzeitig auf mindestens drei Arbeitsstellen. Mittags der Job in der Schule. Der war fest, der war versichert, da bekam ich Tariflohn. Wir gingen jeden Tag ins Gebäude, gleich nach Schulschluss, drei Stunden: den Eingang putzen, die Toiletten, die Flure, alle Klassenräume, zack, zack. In den ersten zwei Wochen der Ferien machten wir die Grundreinigung. Ich stand im Wasser und kratzte die Kaugummis mit dem Spachtel vom Fußboden. Morgens oder abends, manchmal morgens und abends, erledigte ich die anderen, schlechter bezahlten Jobs, unter dem Radar von Sozialversicherung und Steuer: Putzen bei nicht immer netten Leuten. In einer Apotheke musste ich jeden Tag vor der Öffnung, also um sechs, mit der Zahnbürste die Fugen zwischen den Kacheln säubern. Warum sollte ich mich beschweren? Ich kenne solche Leute. Sie reagieren auf Kritik mit Gewalt. Und schon bist du den Job los. Ich brauchte ihn aber, ich war die Einzige, die Geld nach Hause brachte. Mein Mann ruhte sich aus. Auf mir. Und auf seinen krummen Geschäften, deren Einnahmen er für sich behielt.

Es klingelte. Wie lange schon? Hatten sie in der Zwischenzeit nicht mit Nachschlüsseln ihr Glück versucht? Es klingelte, jemand haute mit Wucht gegen die Tür.

Ich hatte es nie leicht in meinem Leben.

Mein Leben? Es gehörte seit Monaten nicht mehr mir. Ich hatte es verloren, auf irgendeiner Straße, die ich entlanggehastet war, oder vielleicht auch in ein Klo versenkt. Kann sein, ich hatte selber abgezogen. War mein Mann nicht gerade abgehauen? Wie lange war das her? Hatte ich Halluzinationen? Nein. Ich trank nicht. Ich nahm keine Drogen. Ich war clean. Ich war an mir selbst vergiftet. Oder gab es andere, die Schuld hatten? Ich stellte mir solche Fragen nicht, ich stellte mir gar keine Fragen. Ich ging zur Tür und öffnete.

Draußen standen der Gerichtsvollzieher, die Polizei mit zwei Leuten, das Ordnungsamt, noch mal zwei Leute und die Möbelpacker, die zu viert waren und vor dem Haus ihren Lkw geparkt hatten. Ich bin dann geräumt worden. Sagt man das so? Doch, *ich* bin geräumt worden. Nicht nur die Wohnung, nicht nur alles, was es an Gegenständen dadrin gab. Sondern auch ich.

«Sie haben zehn Minuten Zeit», sagte der Gerichtsvollzieher.

Ich weiß mittlerweile, dass das normal ist. Zehn Minuten. Wenn du dein Leben vorher schon nicht mehr auf die Reihe gekriegt hast, musst du es jetzt in zehn Minuten auf die Reihe kriegen. Zumindest so weit, dass du dir das Wichtigste schnappst, das, was auf keinen Fall verloren gehen darf, das, was du zum Überleben brauchst. Oder vielleicht zum Erinnern an schöne Zeiten. Oder vielleicht, um mal zu weinen.

Ich habe gar nichts mitgenommen. Ich wusste gar nicht, was ich mit meinen beiden Händen hätte tragen sollen oder können. Niemand hat mich dazu ermuntert, jetzt sofort einzupacken, das Nötigste. Niemand hat mir geholfen. Es war kein Mensch zugegen, der mir Mut zugesprochen hätte. Es waren alles Gegner, Feinde, Gewalttäter, die taten, als wären sie die normalsten Menschen der Welt. Aber es waren Gewalttäter. Mehr habe ich nicht mitbekommen. Nur die Gewalt, die sie meinen Möbeln, meinem Geschirr, meinem Besteck, meiner Weihnachtsdeko antaten. Und mir. Mich hat keiner angefasst? Oh doch! Sie haben mich alle angefasst. Mit gierigen, mitleidslosen Händen, und mich hinausgeworfen aus meinem Leben, das schon nicht mehr meines war. Und das mir jetzt völlig abhandenkam.

Als die Räume leer waren und die Geräusche und Stimmen an den kahlen Wänden und Böden widerhallten, musste ich meine Wohnungsschlüssel abgeben. Ich hatte nichts gepackt, keine Tasche, keinen Tüten, nutzlose Hände, schlaffe Arme, die an mir herunterhingen. Meine Jacke hatte ich übergezogen, bevor sie mir als Letztes meine Garderobe im Flur wegnahmen. Der Gerichtsvollzieher schob mich hinaus und schloss von draußen meine Wohnungstür zweimal zu. Vielleicht hat er sich danach verabschiedet oder mir leicht auf die Schulter geklopft oder mir einen guten Tag gewünscht. Ich weiß es nicht.

Ich torkelte durch die Straßen, hatte nicht einmal registriert, dass sie meine Sachen an einer bestimmten Adresse unterstellen wollten, damit ich sie vielleicht eines schöneren Tages anschauen oder sogar zu mir holen konnte. Vorher hätte ich natürlich bezahlen müssen für die Lagerung. Und für das Ausräumen der Wohnung. Und für die Mietschulden. Und für die Zinsen und Zinseszinsen. Wovon?

Ich besitze nichts mehr von früher. Nicht einmal das Foto von meinem arabischen Prinzen. Keine Fotos von mir, als Kind, als junge Frau, als Mutter, nichts von meiner Familie, nichts von meiner Oma. Keinen Brief. Kein Kleid. Keine ersten Söckchen von meiner Tochter. Ich besaß tolle Bücher. Ich bin mit nichts und wieder nichts hinausgeflogen in die Vogelfreiheit. Ich habe keine Ahnung, was sie mit meinen Sachen gemacht haben.

Wäre die Wohnung komplett abgebrannt, hätte ich in der Asche stochern können. Sie war nicht abgebrannt. Ich selbst war die Asche. Ich habe nicht in mir herumgestochert. Ich war nicht mehr bei Sinnen, so sagt man wohl, ich konnte mich nicht befragen, meine Vergangenheit nicht und auch nicht meine Zukunft. Ich habe keine Arme mehr gehabt und keine Beine, ich habe keine Tränen gehabt, ich hatte keine Füße, aber Schuhe drum herum, die ja, ich war auch sonst nicht nackt, aber ich fühlte mich so. Ich war nackte Asche und wehte durch den Ort.

Man attestierte mir später eine Psychose, die mich schon Wochen oder sogar Monate vor der Zwangsräumung gepackt hatte. Die Zwangsräumung hat mir das Genick gebrochen. Gab es keinen, der mir das rechtzeitig hätte sagen können? Hatte ich keinen Arzt? War da kein Psychologe, der von Amts wegen die Zulässigkeit einer Zwangsräumung hätte beurteilen müssen? Gab es keinen Verdacht, dass ich mich nicht wehren konnte, als kein Brief mehr von mir beantwortet wurde? Kam niemand auf die Idee, dass ich sprachlos war, bevor man mich mit diesem Rollkommando herausholte, meine Wohnung aus mir herausriss und meine Zunge aus meinem Mund?

Nein, da war niemand.

Ich bin in den Tagen nach der Räumung in den Straßen herumgeirrt, hab mich in Hauseingänge gedrückt, in Treppenhäusern versteckt, auch nachts. Wenn jemand Licht gemacht hat, bin ich davongelaufen. Ich hätte der Glöckner von Notre-Dame gewesen sein können, wenn Elsdorf eine Kirche gewesen wäre. Ich bin vor den Menschen, vor schönen und hässlichen, davongelaufen, auch vor mir bin ich davongelaufen, vor meiner Angst, dem einzigen Gefühl, das mich noch erreichte, das meinen Kopf und meine Haut, meinen Leib und mein Herz noch zum Zittern brachte.

Mir ist schleierhaft, warum sich niemand in diesem Nest Sorgen um mich gemacht hat. Dass es mein Mann nicht tat und seine Familie, die ebenfalls im Ort wohnte, erstaunt mich nicht. Vielleicht hätte mich das damals erstaunen sollen, wenn ich zu einem solchen Gefühl noch fähig gewesen wäre. Aber vielleicht wollte ich ihre Hilfe gar nicht. Ich suchte sie ja auch nicht auf, der Schritt dorthin lag außerhalb aller Möglichkeiten. Nie hätte ich daran gedacht, dort anzuklopfen. Zu viel Gewalt, zu viel Verachtung, zu viel Gleichgültigkeit hatte ich von ihnen erfahren.

Ich hatte sieben Jahre in dieser Straße gewohnt, also war ich auch anderen Menschen keine völlig Unbekannte. Ich war zwar keine Kneipengängerin und keine Vereinsnudel, aber es gab mich. Nach der Zwangsräumung wurde ich sicherlich häufiger gesichtet als vorher, aber anscheinend nur als streunendes Tier wahrgenommen; obwohl auch das hätte zur Sorge Anlass geben können, und sei es nur als Sorge um das eigene anständige Wohlbefinden. Doch man ließ mich streunen, räudiger Hund, Straßenkatze. Man wollte mich nicht kennen, nicht einmal meinen Schatten. Immerhin jagte man mich nicht wie den Glöckner durch Kirchenschiff und Katakomben. Das war ich nicht wert. Ich war ihnen nur so viel wert wie ich mir selbst: nichts.

Vielleicht hatten sie sogar Angst vor mir wie vor einer ansteckenden Krankheit – Armut steckt an, Versagen steckt an – und mussten deshalb so tun, als gäbe es mich nicht. Ich hatte ja auch Angst vor mir. Obwohl die sich legte, je tiefer die kalten Nächte mich aushöhlten.

Es werden nicht nur Tage gewesen sein, die ich als Phantom von Elsdorf weiterlebte oder dahinvegetierte oder nicht leben und nicht sterben konnte. Ich weiß nicht, was ich in diesen Wochen gegessen oder getrunken habe, wo ich meine Notdurft verrichtete, wie oft oder wie selten ich geschlafen oder was ich geträumt habe und ob ich mich jemals gewaschen habe. Ich verlor mich völlig.

Bis mir zwischen zwei Hauseingängen, zwei Wegen oder zwei Straßenbäumen eine Stimme zuflüsterte: Verschwinde von hier, geh zum Friedhof, geh zu deiner Oma.

Ich habe gehorcht und mich auf den Weg gemacht. Und bin dortgeblieben.

Ein Bett im Friedhof

Ich konnte damals keine Zigarette mehr drehen, ich konnte nicht einmal mehr meinen Namen sagen. Aber als ich das Friedhofsgatter aufdrückte, wurde ich ruhig. Ich fühlte mich an die Hand genommen. Jemand führte mich zum Grab meiner Oma. Das es schon lange nicht mehr gab, sie war ja bereits über zwanzig Jahre tot, ihre Grabstelle war aufgelöst, nichts erinnerte mehr an sie, ihr Grabstein war entsorgt, hier lag jemand anders. Aber ich wusste, dass sie noch dort unten ruhte und mich anlächelte, nur lächelte und sagte: Reiß dich zusammen, Linda.

Ich war 43 Jahre alt und konnte mich nicht zusammenreißen. Ich hatte mich tausendmal zusammengerissen. Und war daran zerrissen. Doch jetzt war mir das egal. Ich war daheim, bei meiner Oma, und würde vielleicht sogar wieder leben.

Ich kann mich nicht erinnern, ob ich noch so viel Verstand besaß und mir bei irgendeiner wohltätigen Organisation eine Decke besorgt hatte. Aber die Erde war sowieso nicht kalt, auch nicht nass. Denn unser Ofen verströmte eine milde Wärme. Oma hatte für die Nacht noch ein Brikett nachgelegt, eingewickelt in eine feuchte Zeitung, damit es möglichst langsam durchbrannte und möglichst lange Wärme spendete und man morgens nur ein paar Hölzer dazulegen musste, damit die Flammen wieder aufflackerten. Ich roch es und kuschelte mich in das Gras neben ihr Grab und sah den kleinen tanzenden Lichtpunkten zu. Oma hat selten eine Kerze angemacht, das wäre zu viel Tinnef gewesen und auch zu teuer. Aber heute Nacht war sie großzügig, überall in der Wohnung brannten Kerzen und spendeten den Seelen der Verstorbenen Trost. Und mir.

In den vielen, vielen kommenden Tagen dämmerte mir zwischendurch schon, dass ich nicht in unserer alten Wohnung lag, und auch, dass ich kein Kind mehr war. Du bist auf dem Friedhof, sagte ich mir. Aber die Ruhe am Morgen, die von keinem Menschen gestört wurde, in der mich nur eine Meise erstaunt beäugte und ein Eichhörnchen es ihm wenig später gleichtat: Diese Ruhe zeigte mir, dass hier mein Ort war. Mein Ort für die nächste Zeit, wie lange auch immer sie dauern würde.

Als meine Oma einen Teil ihrer Einkünfte damit verdient hatte, die Gräber von Nachbarn zu pflegen, war ich oft mitgekommen. Ich hatte mich schon damals wohlgefühlt auf dem Friedhof. Ich fühlte mich auch jetzt wohl, soweit ich in meinem Zustand überhaupt solch schöne Seelenschwingungen empfinden konnte. Ich fühlte ja nach wie vor weitgehend nichts. Kaum die Kälte, kaum die Nässe, kaum die Hilflosigkeit und kaum die Abwesenheit jeden Gedankens an nächste Stunden oder gar Tage.

Ich durchmaß den Friedhof täglich mit langsamen Schritten, ging jeden Weg dutzendfach entlang, hin und wieder zurück, setzte mich auf jede Bank und schaute umher, ins Leere, in die Büsche, in die Bäume, auf die Gräber. Manchmal erkannte ich einen mir bekannten Namen auf einem Grabstein.

In den nächsten Monaten wurde ich nach und nach selbst zum Friedhof oder zu seinem Inventar, wie es die Vögel und Eichhörnchen waren, die halbwilden Katzen, die Mäuse, die Ratten, die Karnickel oder der Fuchs. Manchmal wurde ich für Stunden oder Tage zu einem Baum, zu einem Strauch, zu Laub, zum Kies auf einem Weg. Manchmal tat ich meinem Friedhof Gutes.

So habe ich regelmäßig in den hölzernen Abfallkörben gestöbert und Blumen, die die Leute vorzeitig weggeworfen hatten, wieder herausgeholt, sortiert und solche, die nicht völlig verdorrt waren, auf verwahrloste Gräber gepflanzt. Das hatte sich mir bewahrt, diese Erinnerung an das Pflanzen, an die Pflege der Gräber, aus helleren Kinderzeiten. An den Tagen, an denen ich mich aufraffen konnte von meinem Lager neben meiner Oma und mich nicht im Gehen und Sitzen erschöpfte, bin ich alle Abfallkörbe abgegangen und habe nachgeschaut. Habe die Gräber herausgesucht, die niemandem mehr am Herzen lagen. Habe sie bepflanzt und lange dort innegehalten, mal bei dem einen, mal bei jemand anderem.

Die regelmäßigen Besucher meines Friedhofs, meist alte Frauen, haben mich schon am ersten Tag wahrgenommen, aus den Augenwinkeln. Ich war eine Störung, eine Irritation im Bild. Doch niemand hat sich getraut, mich anzusprechen. Erst als sie merkten, dass ich nur ein Schatten bin, der zu wacheren Stunden als Blumenfee umherschwirrt, nicht gefährlich, nicht laut, da haben einige gewagt näher zu kommen.

Sie werden mich gefragt haben, was ich hier mache. Wer ich bin. Wo ich wohne. Warum ich hier herumirre. Vielleicht hat mich auch jemand wiedererkannt, von früher. Ich habe nie geantwortet, weil ich gar nicht verstand, was sie von mir wollten. Ich wusste weniger von mir selbst als jemals, ich wusste nur, dass ich hierhergehörte, dass ich überall sonst vernichtet werden würde. Der Friedhof schützte mich vor Gewalt, dessen war ich mir sicher. Denn wer würde es wagen, einer Frau im Angesicht der Verstorbenen und ihrer Seelen, der Lichter und ihres Trostes Leid anzutun? Vielleicht wusste ich nicht einmal das, jedenfalls nicht in einem sagbaren Sinn, sondern nur als Ahnung, die meinen Körper an diesem Ort hielt und nirgendwo anders hingehen ließ.

Je länger ich zum Inventar des Friedhofs gehörte wie ein Baum, ein Eichhörnchen oder ein Vogel, umso näher trauten sich die Stammgäste. Bis ich eines Tages einen Fünfeuroschein in die Hand gedrückt bekam. Auch wenn ich nicht mehr wusste, wie ich hieß, wusste ich doch, dass ich oder diese Frau, die ich gerade war, gerne geraucht, Kaffee getrunken und sich hin und wieder mit einer Cola erfrischt hatte. Das Bild eines nahe gelegenen Kioskes stieg vor mir auf, ich verließ den Friedhof, folgte der Karte, die meine Erinnerung plötzlich vor mir ausbreitete, und kaufte genau das: Kippen, Kaffee, Cola. Mit meinen Schätzen eilte ich zurück nach Hause, zu meiner Oma.

Solche milden Gaben wiederholten sich. Ich gab sicherlich ein Bild des Jammers ab. Das mag die Bereitschaft gefördert haben, mir ein wenig Geld zuzustecken. Und mich nicht bei der Verwaltung zu denunzieren. Gründe hätte es gegeben. Das Nächtigen auf dem Friedhof ist verboten. Das Herumlungern tagsüber vermutlich auch. Ich stank außerdem. Obwohl ich mich hin und wieder an den Kaltwasserpumpen wusch, die es auf dem Friedhof gab und die für die Gießkannen bestimmt waren. Aber ich stank. Das drang sicherlich aus meinem Friedhofsduft nach Erde, frischer Luft und Pflanzen hervor. Meine Kleidung hatte sich in Lumpen verwandelt, meine Haare in ein Filznest, mager war ich auch geworden. Bestimmt besaß ich mittlerweile eine Decke, die ich mir manchmal auch tagsüber um die Schultern legte und unter der ich vermutlich noch dünner aussah, als ich ohnehin war. Ein gar nicht mehr junger Vogel, der trotzdem aus seinem Nest gefallen war und jetzt auf dem Boden herumstakste, weil er das Fliegen verlernt hatte.

Irgendwann wollte ich nicht mehr leben. Ich dachte, ich esse nicht mehr, ich trinke nicht mehr, dann bin ich endlich richtig tot. Dann bin ich ganz bei meiner Oma, neben ihr an der Böschung, unterhalb der Gleise, auf denen die Kohlebahn entlangfährt und darauf hofft, dass wir ihr etwas von der Ladung abnehmen. Ich merkte schon, dass meine Oma nicht zu mir heraufkam, wollte ich mich ihr zeigen, musste ich wohl zu ihr hinunter.

Ich weiß nicht, warum ich diese Idee nicht umgesetzt habe. Hat es daran gelegen, dass mir meine Krankheit jedes planvolle Handeln versperrte? Oder meine Oma mir das ausredete? Oder lag es daran, dass einige Besucher dann doch zu mir durchgedrungen waren und mich erfolgreich bei meiner Kaffeelust gepackt hatten?

So erfolgreich, dass ich ihrem Vorschlag folgte, das Café Auszeit aufzusuchen. Das lag zwar auf der anderen Rheinseite, in der Altstadt-Nord, an den berühmten Kölner Ringen, genauer gesagt, dem Hansaring, aber dieses Café, erzählten sie mir, wäre extra für Frauen wie mich, die kein festes Zuhause haben. Und der Kaffee dort wäre kostenlos. Die Aussicht auf kostenlosen Kaffee hat meinen Widerstand, den Friedhof zu verlassen, irgendwann gebrochen, und ich habe mich tatsächlich aufgemacht.

Ob auch meine Psychose ihren Griff gelockert hatte und mich gehen ließ, weiß ich nicht. Ich fand jedenfalls den Weg, und ich fand das Café, Teile meines Verstandes mussten also doch zu mir zurückgekehrt sein. Kleine Teile, um ehrlich zu sein. Denn im Café beschränkte ich mich darauf, eine Tasse Kaffee nach der anderen zu trinken und dann fluchtartig die Räumlichkeiten zu verlassen. Ich sprach mit niemandem, ich rührte sonst nichts an, ich verweigerte jede Aufforderung der Sozialarbeiterinnen, ihnen doch wenigstens meinen Namen zu nennen. Nachdem ich mehrfach dort aufgetaucht war, wurde ich in ihren Akten unter «Maria Anonym» geführt.

Kannte ich meinen eigenen Namen noch nicht wieder? Ich war mir nicht sicher. Sicher war ich mir nur darüber, dass ich mich auf keinen Fall aushorchen lassen wollte. Jede Frage zielte in mein Innerstes, in mein Versteck, das ich in mir und auf dem Friedhof gefunden hatte. Ich war nicht bereit, dieses Versteck aufzugeben. Für eine nächste Runde im wahren Leben, das Gewalt, Gewalt und nochmals Gewalt über mich gebracht hatte? Warum? Es konnte nicht besser werden als an der Seite meiner Oma, sondern nur schlechter.

Doch steter Tropfen höhlt bekanntlich den Stein. Irgendwann ließ ich mich im Café Auszeit tatsächlich überreden, wenigstens eine Nacht nicht auf den Friedhof zurückzukehren, sondern in einer der Notschlafstellen des SkF zu übernachten, des bereits erwähnten Sozialdienstes katholischer Frauen, der auch das Café Auszeit organisierte. Zwei solcher Schlafstellen hatte der SkF, das Haus Rosalie und die Notschlafstelle Comeback. In den nächsten Wochen lernte ich beide kennen, jeweils nur für eine Nacht. Im Haus Rosalie duschte ich manchmal morgens. Wenn ich im Comeback war, habe ich auf die Dusche verzichtet, es gab nur zwei für zwanzig Frauen. Dort bin ich ganz schnell raus. Wenn mir im Haus Rosalie, das damals von Nonnen geführt wurde, das Duschen gelang, bin ich nach meinem kostenlosen Kaffee wieder zurückgeeilt auf meinen Friedhof.

Ich war mittlerweile in einem katastrophalen körperlichen Zustand. Ich wog nur noch 45 Kilo, und auch wenn ich aus der Kleiderkammer des SkF Hose, Pullover und Jacke bekommen hatte, verdeckten sie nicht meine Magerkeit und die Spuren, die die kalten Tage und Nächte draußen auf meinem Gesicht und meinen Händen hinterlassen hatten. Ich war um Jahre gealtert.

Monatelang tauchte ich wie eine Durchreisende für kurze Zeit im Café Auszeit auf und verschwand wieder. Monatelang übernachtete ich hin und wieder in einer der Notschlafstellen und hastete morgens davon. Das Ende kam mit Gewalt: Ich hatte wieder einmal im Haus Rosalie übernachtet und wollte gerade los, da standen ein Arzt und mehrere Polizisten vor dem Zimmer. Ich wurde festgehalten, der Arzt setzte mir eine Spritze, die mich sofort ausknockte. Ich erwachte in der Psychiatrie.

Wie krank

Genauer gesagt in einem Bett, an das ich gefesselt war. Ich realisierte das sehr schnell, schrie, riss an den Fesseln, strampelte – und wurde mit der nächsten Spritze wieder in den Dämmer gekippt. In den ersten zwei Wochen meines Aufenthalts pumpte man mich so mit Medikamenten voll, dass ich nur geschlafen habe. Nach meinem ersten Aufbäumen schien das den Ärzten die einzig sinnvolle Therapie. Das Personal vermutete nicht ganz zu Unrecht: Die Frau ist zwar abgemagert und im Kopf durch den Wind, aber sie nimmt hier alles auseinander, wenn wir sie nicht komplett ruhigstellen.

Es war eine furchtbare Zeit für mich. Meiner Freiheit gänzlich beraubt zu sein, eingesperrt, ohne Luft und ohne Bäume, ohne Erde, ohne Vögel, gefesselt, sediert, erneut um den doch wieder aufkeimenden Verstand gebracht – je länger diese Tortur dauerte, umso entschiedener war ich, mir, sobald das möglich war, das Leben zu nehmen. Ich ertrug diese Folter nicht mehr. Ein Sturz aus dem Fenster, ein Messer am Hals. Ich hätte wohl jeden aus dem Weg geräumt, der das noch zu verhindern versucht hätte. Aber ich konnte nicht. Wenn mich nicht Medikamente bleischwer und unbeweglich machten, war ich gefesselt.

Mit der Zeit wurden meine Fesseln gelockert, ich konnte den langen Flur in der geschlossenen Abteilung hin- und zurückschlurfen, ich hockte am Tisch, ich durfte allein zur Toilette, ich durfte allein unter die Dusche. Als ich die ersten Schritte aus der geschlossenen Abteilung hinausmachte, um im Kiosk etwas einzukaufen, ging ein Bodyguard neben mir. Er war ein Schrank und raunte mir zu: «Wage nicht, auch nur einen Schritt zur Seite zu tun!»

Statt mich über meinen ersten Ausgang zu freuen, war ich schockiert. Heftige Angst vor Schlägen, vor Tritten, vor Vernichtung brandete in mir hoch. Wem sollte ich mich anvertrauen? Ein Bodyguard galt als normal, als notwendig, als Hilfe zum Eigenschutz. Aber ich fühlte mich zurückversetzt in eine Zeit, in der ich meinen zwei gewalttätigen Ehemännern ausgeliefert gewesen war, ihren Drohungen, ihren Schlägen. Es gab niemanden, der sich die Gründe für meine Panik anhören, der meinen Sturz zurück in meine Gewalterfahrungen auffangen wollte. Dafür war diese Psychiatrie nicht zuständig.

Ich mag und kann nicht beurteilen, ob die Tortur einer Psychose nur durch die Torturen der Psychiatrie aufgebrochen werden kann. Ich empfand die Behandlung, der man mich unterwarf, als grausam, unmenschlich und zerstörerisch. Außerdem war ich entmündigt worden. Damit hatte man mich auf eine andere Art vogelfrei gemacht, ich verfügte nicht einmal mehr über meine vollen menschlichen Rechte.

Aber ich bin lebend herausgekommen. Nach fast einem Jahr, in dem ich nach und nach meine geistigen und körperlichen Kräfte zurückgewann. Und auf über das Doppelte meines Körpergewichts anschwoll, das ich bei meiner Einlieferung gehabt habe. Auf über das Doppelte? Nein, Moment – exakt auf das Dreifache.

Wie gesagt, ich weiß nicht, ob die Psychiatrie über alternative Behandlungsmethoden zu dem verfügt hätte, was sie mir antat. War so viel Gewalt nötig? Ich war doch schon so oft Opfer von Gewalt gewesen! Konnte mich nur *noch* mehr Gewalt retten?

Oder soll ich der Psychiatrie danken, weil ich lebendiger herauskam, als ich hineingekommen bin, und weil ich irgendwann in ein selbstbestimmtes Leben zurückfand?

Ich weiß es nicht. Ich weiß allerdings, dass ich nie wieder dorthin zurückmöchte; mich graut, wenn ich nur daran denke.

Ich bin stolz, dass ich diesen schwarzen Räumen entronnen bin. Wäre es nach den weißen Sachkundigen gegangen, nach den Fachleuten, hätte ich Zeit meines Lebens dort stecken bleiben müssen. «Sie werden nie wieder ein normales Leben führen», musste ich mir in der Klinik häufig genug anhören. Als ich dann draußen war, hauten mir andere denselben Spruch mehr als einmal um die Ohren.

Dass ich heute davon erzählen kann, in diesem, in meinem Buch, wird vielleicht auch anderen Frauen, so hoffe ich, Mut machen. Frauen, die wie ich durch zu viel Gewalt nicht nur ins Straucheln, sondern zu Fall gebracht wurden, die gestürzt sind, sehr tief, bis in einen kalten Brunnen absoluter Einsamkeit.

Betreutes Wohnen

Nach der Klinik wartete ein sehr eng begrenztes Draußen auf mich: Ich wurde in eine betreute Wohngemeinschaft für bekloppte Frauen abgeschoben. Ich darf das so sagen, weil ich ja selbst eine war, eine «Bekloppte».

In der Wohnung lebten wir zu fünft, wir kannten uns nicht, jede hatte schwerste Leiden durchgemacht und konnte jeden Augenblick wieder fallen. Wir hatten jede ein eigenes Zimmer. Das Bad mit Klo mussten wir uns teilen. Die Wohnung wurde mit Videokameras überwacht, die Bilder liefen im Büro der Einrichtung in einem Nachbarhaus zusammen.

Die Zustände waren so, wie sie sind, wenn schwer traumatisierte Menschen auf engem Raum zusammengepfercht leben müssen. Himmelschreiend. Eine unserer Leidensgenossinnen konnte nur brüllen. Das war ihre Art der Kommunikation. Eine andere schmierte die Wände mit Kot voll – ihre Form von Protest, so zeigte sie ihre Ausweglosigkeit. Eine dritte war verstummt, eine vierte wurde handgreiflich.

Keine von uns hatte einen geregelten Tagesablauf. Wir waren uns selbst überlassen. Es gab keine Angebote, den Tag zu strukturieren, es gab keine Gruppentreffen, keine Einzeltherapie, keine Arbeits- oder Beschäftigungsangebote, keine Freizeitangebote, keine Ansprache, keine Pläne, keine Empathie, gar nichts. Wir konnten nach dem Aufstehen im Café Auszeit herumsitzen und unsere Stunden totschlagen.

Ich bin früh aufgestanden, um 5 oder 6 Uhr, sobald das Café öffnete, und habe meinen Kaffee getrunken. Hier saßen ein paar Frauen, mit denen ich reden konnte. Aber unser Reden war eins ohne Blick nach vorn. Weil niemand von uns nach vorn schauen konnte, wir hatten kein Vorn, keine Zukunft.

Eine einzige Ausnahme gab es dort, eine Frau, die nicht aus unserem Kreis stammte. Schwester Franziska, eine Nonne, die in der Obdachlosenhilfe engagiert war. Sie war Franziskanerin und arbeitete bei Gubbio, der Seelsorgeeinrichtung des Kölner Erzbistums für Obdachlose und Anlauf- und Beratungsstelle des Ordens. Gubbio bot Trauerfeiern für Obdachlose, lud zu Gebeten und Gottesdiensten ein. Schwester Franziska setzte sich oft zu mir, sprach mich ruhig an oder schwieg mit mir, verlangte nichts, manchmal erzählte sie von ihrer Arbeit. Sie war sehr menschlich und behandelte mich wie einen Menschen. Ich fühlte mich wohl in ihrer Nähe. Sie hatte schnell verstanden, dass Gott für mich wichtig war, mehr noch die Mutter Maria, die Madonna. Ich liebte ja seit Kindesbeinen das Katholische. Der Zauber in der katholischen Kirche hatte mich damals berührt, mehr als das kühle Evangelische.

Nach meinem Kaffee bin ich zurück in mein Zimmer und habe den Tag umgebracht. Manchmal lieh ich mir einen Hund aus und ging mit ihm im Park spazieren. Diese Momente gehörten zu meinen glücklicheren Stunden, ich war mit Tieren aufgewachsen. Meine Oma hatte einen Hund gehabt, und während meiner zweiten Ehe lebte Bonny bei uns, eine kluge Straßenmischung aus Dackelmix und Schäferhund, die ich sehr liebte und die ich nach meinem Zusammenbruch verlassen musste. Auch wenn so ein Spaziergang nur geliehenes Glück war – ich war doch immerhin mit einem lebendigen Wesen zusammen, das mir weder Vorwürfe machte noch mich für bekloppt hielt und von mir mit Freude und Dank annahm, was ein guter Mensch einem Haustier geben kann: Zuneigung.

Wenn ich vom Café Auszeit oder von unserem Wohnhaus, das direkt danebenlag und auch vom SkF geführt wurde, in den nahen Park ging und den Leihhund an der Leine führte, kam ich schnell mit anderen Hundebesitzern ins Gespräch. So ist das ja beim Hundeausführen: Die Leute reden miteinander, über ihre Hunde, über das Futter, das Geld, das Wetter, die Arbeit. Ich weiß heute, dass in diesen Stunden etwas sehr Wichtiges und Positives mit mir geschah: Obdachlose oder Menschen mit Handicaps, wie ich sie hatte, brauchen den Kontakt zu «normalen» Leuten. Wenn wir «unter uns» bleiben, mag das im besten Fall unser gegenseitiges Verständnis stärken. Aber unsere besonderen Verhaltensweisen, unsere Art zu reden, unsere Art, in die Welt zu schauen, bleiben beschränkt. Sie müssen sich aber wieder erweitern, wenn wir raus aus unserer Beschränkung wollen, die eben auch eine Beschränktheit auf unsere ganz spezifische Notlage ist und wie wir mit ihr klarkommen.

Natürlich band ich den anderen Hundebesitzern mein Leben nicht auf die Nase, und ich schwieg mich auch über meine derzeitige Lage aus. Ich redete über früher, über meine Zeit als Putzkraft, als Fleischereifachverkäuferin, als Mutter, als

Frau, die unbedingt in den Himmel schauen muss, wenn sie leben will. Ich sprach nicht viel, aber ich sprach. Und zwar über Dinge, die jenseits der Bekloppten-WG und jenseits vom Café Auszeit lagen. Ich weiß heute, dass hier für viele der Schlüssel zu einer erfolgreichen Rückkehr aus der Obdachlosigkeit liegt: eine Tür aufschließen, um aus der festen Umzäunung herauszutreten, die die Gesellschaft um uns gezogen hat.

Auch das verstand die Einrichtung nicht. Ich musste mir das Recht, mit einem Leihhund spazieren gehen zu können und mich auch mal mit ihm in der Unterkunft auszuruhen, unter Einsatz all meiner Energie erkämpfen. So etwas war nicht vorgesehen. So etwas war ein Bruch der Regeln. Es krachte deshalb beständig zwischen mir und den Betreuerinnen.

Hin und wieder raffte ich mich auf und sammelte Pfandflaschen, um an Bargeld zu kommen und mir davon zu kaufen, was ich wollte, Kippen zum Beispiel. Denn die Kontrolle unseres Alltags war absolut und ging sogar über die Videoüberwachung und die Zimmer- und Schrankkontrollen hinaus. Uns wurde kein festes wöchentliches Taschengeld ausgezahlt, sondern wir mussten begründen, was wir von dem uns zustehenden Geld kaufen wollten – ob Kaffee, Hygieneartikel oder sonst etwas –, und erhielten dann dafür eine Barauszahlung im Büro. Nach dem Einkauf mussten wir die Quittungen vorlegen. Pro Woche erhielten wir in Summe nicht mehr als fünfzig Euro. Sogar unser Zimmerkühlschrank wurde in unregelmäßigen Abständen kontrolliert. Wir waren gläserne Patienten eines Systems, das sich mit der Verwahrung und Verwaltung unseres Elends zufriedengab.

Zu diesem Elend gehörte eine gemeinsame Küche für uns fünf Flurfrauen. Sie bestand aus zwei Herdplatten und ein bisschen abgestoßenem Geschirr. Ich kochte in diesem Küchenwrack nie. Höchstens wenn ich Besuch hatte. Besuche mussten allerdings rechtzeitig beantragt werden und wurden gegebenenfalls nach einiger Zeit auch genehmigt – oder eben nicht. Spontan ging da gar nichts. Ich ließ mir unerlaubten Besuch dennoch nicht verbieten, auch dafür wurde ich angepampt. Denn so etwas kam sofort raus, die Videokamera zeichnete jeden Schritt in der Einrichtung auf.

Ich rebellierte gegen solche Verbote und Bevormundungen. Die Betreuerinnen drohten mir. Ich würde wieder in die Psychiatrie gesteckt werden, sollte ich so weitermachen. Ich bin vor diesen Drohungen geflohen und habe mich tagelang nicht in der Einrichtung blicken lassen. Ich war sicherlich noch nicht gesund, nein. Ich konnte nur versuchen, mich zu wehren, aber leider nicht erfolgreich. Ich wurde von Angst überflutet, in die Klinik zurückzumüssen. Ich konnte dieser Angst längst noch nicht ihren angemessenen Platz geben: Sie machte mich nicht wachsam, sie erschlug mich.

Kehrte ich zurück von meiner Flucht, die natürlich ebenfalls unerlaubt war und den Verantwortlichen noch mehr Berechtigung gab, mich zu bedrohen, wurde ich zu meinem gesetzlichen Betreuer beordert. Als entmündigte Person konnte er an meiner Stelle entscheiden, ob mein Platz wieder in der Psychiatrie sein würde. Anders als man vielleicht bei einem Vormund vermuten sollte, stand dieser Mann nicht an meiner Seite. Er war einer von denen, die mir attestierten, ich würde nie wieder alleine wohnen können, nie wieder ein freier Mensch sein. Er verwaltete als Anwalt viele entmündigte Menschen und verdiente damit sein Geld. Die Termine bei ihm dauerten zehn Minuten. Er hatte von nichts eine Ahnung, von Empathie schon gar nicht. Seine Kommunikation mit mir erschöpfte sich in Drohungen.

Glücklicherweise ging es mit den Zwangseinweisungen in die Psychiatrie nicht mehr so einfach wie früher. Und da ich keine Drogen nahm, nicht klaute, nichts kaputt machte, nicht randalierte, niemanden angriff, sondern nur zunehmend mit Worten um meine Rechte kämpfte, reichten meine Verfehlungen für eine erneute Zwangseinweisung nicht aus.

Allmählich wurde ich wieder klarer. Ich hatte mithilfe von Betreuern eine Ergotherapeutin gefunden, eine fitte Frau, die mit meinem Körper und meinem Kopf arbeitete. Auf dem Friedhof hatte ich oft neben einem steinernen Engel gesessen, der so tröstlich auf mich herabschaute, dass mir warm ums Herz wurde. Dieser Engel war nun zu mir herabgestiegen. Er hat sogar mit mir gekocht, bei sich in der Praxis, mich in vielem sicherer gemacht, viel mehr getan, als zu ihrem Job gehörte. Sie war ein sehr guter Mensch. Jede Woche ging ich zu ihr und merkte danach jedes Mal, dass sie mir zu den Kräften half, die doch noch in mir schlummerten. Und neue weckte, die danach bei mir blieben. Ich bin sogar noch zu ihr gegangen, als ich wieder eine eigene Wohnung hatte.

Auch durch die Besuche bei ihr wurde mir bewusst, wie uns das betreute Wohnen an jeder Fortentwicklung hinderte. Es war eine Art Strafvollzug, ich konnte seine Zerstörungskraft körperlich spüren. Die Wohnungslosenhilfe funktioniert leider noch heute so: Pflichten, Druck und Drohungen. Im betreuten Wohnen werden die Geldeingänge kontrolliert oder die Post, die man nicht ohne Zensur ausgehändigt bekommt. Es wird kontrolliert, was jemand im Kühlschrank hat, es wird vorgeschrieben, was jemand einkaufen darf, welche Klamotten, welchen Besuch jemand empfangen darf und wie lange. Es ist Entmündigung statt Hilfe.

Ich habe mich am Ende meiner fast drei Jahre in der WG an das zuständige Amtsgericht gewandt – als Entmündigte und angeblich Lebensunfähige – und ein neues Gutachten über meine Gesundheit eingefordert. In einem Brief erklärte ich, dass sich mein Zustand verbessert habe, die gesetzliche Betreuung sei nicht mehr nötig. Ich hatte mich umgehört, auch bei meiner Ergotherapeutin, was zu tun und wie ein solcher Brief an das Gericht zu schreiben war. Beim betreuten Wohnen hatte mich niemand aufgeklärt, mir niemand geholfen.

Die Richterin beauftragte einen Gutachter, der in die WG kam und sich dort umsah. Ich habe mich ihm nicht anvertraut, ich war auf der Hut. Ich habe mich stark gezeigt, ohne Angst, selbstbewusst. Ich habe mich gut verkauft, weil ich um seine Macht wusste. Das Gutachten, das er erstellte, bekam ich nicht zu Gesicht. Aber ich bekam eine Vorladung vom Gericht, um mein Anliegen mündlich vorzutragen. Während des Termins wurde ich mit der Stellungnahme meines Vormunds, des Anwalts, konfrontiert. Er wollte, dass alles bleibt, wie es war, vermutlich, damit ich ihm als Geldquelle nicht abhandenkam. Die Richterin hörte sich an, was ich dazu zu sagen hatte, sprach respektvoll mit mir und riet mir schließlich, auf eine Betreuung nicht gänzlich zu verzichten, sie könne ja gelockert werden. Ich habe ihren Vorschlag abgelehnt.

Dann fällte sie die Entscheidung: Die Betreuung wurde beendet. Ich war frei.

Wieder unter eigenem Dach

Ohne jegliche Unterstützung der Einrichtung gelang es mir, wieder eine eigene Wohnung zu finden, in Mülheim, wo sonst. Das war eine Heimkehr in doppelter Hinsicht: zurück unter ein eigenes Dach, zurück in meinen Stadtteil. 2011 war meine Zeit der Wohnungslosigkeit beendet. Fünf Jahre hatte ich ohne eigene Räumlichkeiten leben müssen, in den Straßen von Elsdorf, auf dem Friedhof, in der Psychiatrie und im betreuten Wohnen.

Die Gegend, in der ich meine Wohnung fand, wurde von oberschlauen Leuten sozialer Brennpunkt genannt, das war die übliche Zuschreibung. Ganz wie damals zu meinen Kinderzeiten die Mau-Mau-Siedlung. Ich habe mich oft gefragt, was da wohl brennt. Mülltonnen? Hoffnungen? Ja, hier und da lag Müll, der besser in einer Tonne entsorgt worden wäre, manchmal kokelte eine Mülltonne vor sich hin, von den vielen Sprachen, die hier gesprochen wurden, konnte einem schwindelig werden, brennen taten sie nicht, manche Jugendliche gaben sich etwas zu männlich. Aber solche Viertel wurden gemacht! Das Sozialamt zahlte an Bedürftige nur Billigstmieten, damals auch schon, und die gab es nur in solchen Straßen.

Als ich den Plattenweg zu meinem Haus entlangging, um

den Wohnungsschlüssel in Empfang zu nehmen, und mit der Hand über die etwas recht zerzauste Weghecke strich, musste ich kurz stehen bleiben und mich vergewissern, dass in diesem Moment ein neuer Lebensabschnitt für mich begann.

Fünf Jahre hatte ich ohne das Menschenrecht verbracht, hinter mir die Tür zu schließen und jeden, der nicht zum Haushalt gehört, hinauszukomplimentieren oder gar nicht erst hereinzulassen; das Recht auf eine Privatsphäre, die nicht beliebig gestört werden darf; das Recht auf einen Rückzugsraum, durch den nicht jeder ungefragt hindurchtrampeln darf; das Recht auf eigene Zeit, die niemand stören oder zerstören kann. Fünf Jahre hatte ich nichts davon. Fünf Jahre gab es für mich keinen Schutz vor dem jederzeit möglichen Zugriff fremder Menschen und keinen Schutzraum, in den Fremde nicht jederzeit eindringen durften.

Dann schloss ich zum ersten Mal meine Wohnungstür wieder hinter mir und bekam eine Gänsehaut vor Glück, auch wenn ich überhaupt nicht zur Romantik neige. Die Räume waren noch leer, meine Schritte hallten von den Wänden wider. Ich sang ein Lied von Cat Stevens, auch das hallte von den Wänden, ich stand in einem Konzertsaal, in meinem Konzertsaal, auf meiner Bühne, in meinem neuen Leben!

Und als ich mich auf meinen bisher einzigen, etwas klapprigen Stuhl setzte, wusste ich: Du hilfst in Zukunft Menschen, denen dieser Schutzraum verwehrt ist. Falls ich überhaupt noch die Chance bekommen sollte, irgendeine Tätigkeit auszuüben.

Ich war zu diesem Zeitpunkt nämlich bereits dauerhaft

erwerbsunfähig. Nicht nur meiner Psychose wegen, sondern auch weil ich mir in meinen 48 Lebensjahren jede Menge chronische Erkrankungen eingehandelt hatte. Ich litt an COPD, einem schweren Lungenleiden, meine Knie, mein Rücken und meine Schultern waren kaputt vom Arbeiten und vom Draußensein. So hatte ich nicht nur keine Chancen auf dem ersten Arbeitsmarkt – mir war sogar verboten, dort eine Arbeit anzunehmen. Am Ende des betreuten Wohnens hatte ich auch noch viele Zähne eingebüßt. Durch eine Fehlbehandlung bei einem Zahnarzt, der mir zwanzig Zähne zog, weil er wohl glaubte, mir stünde ein Gebiss besser. Bis heute kann ich keines tragen.

Nicht mehr arbeiten zu können, war hart für mich. Mich auf dem Nagelbett der Sozialfürsorge quälen zu lassen (von ausruhen konnte ohnehin nicht die Rede sein), lag mir gar nicht. Die Beschämungen, die ich auf dem Amt schon am ersten Tag erlebte, das stete Misstrauen, die ungehörigen Nachfragen, das Betteln müssen nach Zusatzgeldern für Umzug oder Möbel: Das war mir alles zuwider. Nicht nur weil meine Oma mir ihre kämpferische Eigenständigkeit vorgelebt hatte – sie hatte an Hilfsanträge beim Amt nicht einmal gedacht –, sondern weil ich endlich wieder mein eigener Herr sein wollte. Und das schloss finanzielle Unabhängigkeit ein.

Da hatte ich allerdings meine Rechnung an den Realitäten vorbei gemacht. Noch heute bin ich abhängig vom Amt. Für meine Tätigkeit auf der Straße werde ich nicht bezahlt. Ich bekomme aufstockendes Bürgergeld, meine eigene Rente ist so kümmerlich, dass der Staat noch ein paar Euro drauflegt, damit ich nicht direkt verhungere. Der Gesetzgeber meint, heutzutage, also im Jahre 2024 des Herrn, reichen 563 Euro, um ein erwachsenes Leben in diesem Land zu finanzieren, nicht pro Woche, sondern pro Monat. Die Mietkosten werden vom Amt übernommen. Die 563 Euro sind für Essen, Trinken, Kleidung, Hausrat und Hygiene gedacht; aber davon soll auch Geld für größere Anschaffungen abgezweigt und angespart werden, für einen neuen Stuhl, weil der alte zusammengebrochen ist, oder für eine neue Matratze, weil die alte durchgelegen ist. Oder für eine neue Brille, weil die Augen schlechter geworden sind. Mit Realismus hat das nichts zu tun, sondern mit Gemeinheit. Gemeinheit gegenüber den Armen.

Aber vielleicht ist das ja gut für mich. So bleibe ich bei meiner Arbeit auf der Straße Gleiche unter Gleichen, Arme unter Armen. Das erhält die Gemeinsamkeit. Außerdem bin ich als Ehrenamtlerin von keinem Arbeitgeber und keiner Institution abhängig. Das schafft Freiheit.

Nachdem ich wieder im eigenen Bett schlafen und am eigenen Herd kochen konnte – alles gebraucht oder vom Sperrmüll –, fühlte ich mich wieder so tatkräftig, dass ich meine Erfahrungen der letzten fünf Jahre nützlich machen wollte. Ich nahm Kontakt zu einer Obdachlosenzeitung auf – dem «Draussenseiter». Obdachlose aus Mülheim hatten mich auf die Idee gebracht.

Die Zeitschrift wird von einer Redaktion in Köln herausgebracht und von Menschen verkauft, die sich in einer prekären Lebenslage befinden. Das traf auf mich zu. Ich konnte den Erlös – uns stand die Hälfte des Verkaufspreises zu – gut gebrauchen. So zog ich also mit dem schicken vierfarbigen Heft los, das einmal im Monat erschien, und bot es Passanten oder Geschäften an.

Mir fiel allerdings auf, dass in den Heften, die ich gelesen hatte, wenig bis nichts über obdachlose Frauen stand. Also auch nichts darüber, mit welchem besonderen Leid, welchen besonderen Ängsten und Nöten das weibliche Leben auf der Straße verbunden ist. Das ärgerte mich. Das musste sich ändern. Ich wusste, dass der «Draussenseiter» offene Redaktionssitzungen abhielt. Aber konnte ich da so ohne Weiteres auftauchen? Wer war ich schon? Eine Frau, die gerade aus der Wohnungslosigkeit zurückgefunden und sonst nichts vorzuweisen hatte.

Eine Freundin machte mir Mut. Auch sie meinte, ohne Frauen ist eine Zeitung über Obdachlose nur die Hälfte wert. Also bin ich zur nächsten Redaktionssitzung gegangen, nahm all meinen Mut zusammen, meldete mich und fragte: «Warum wird bei euch nicht über obdachlose Frauen berichtet?»

Ich wurde staunend angeschaut. Kurzes Schweigen. Dann antwortete die Chefin: «Mach du das doch.»

Ich weiß noch genau, dass mir diese Antwort überhaupt nicht passte. Ich? Ich kann doch gar nicht schreiben. Vielleicht früher mal. In der Schule, ja, da schrieb ich gern Aufsätze. Aber das war schon ziemlich lange her. Seitdem hatte ich nie wieder zum Füller oder zum Kuli gegriffen oder gar in die Tasten eines Computers gehauen. Die anderen blieben dabei: Probier es einfach. Wir lesen uns das durch und können ja immer noch korrigieren. Ich sollte einfach erzählen, was ich erlebt hatte.

Das war mir nicht geheuer. Meine bitteren fünf Jahre? Die

sollten die Leute interessieren? Für mein Leben hatte sich doch noch nie jemand interessiert.

Aber Ausreden halfen nicht mehr. Ich bekam die E-Mail-Adresse der Redaktion und sollte abliefern, sobald ich einen Text zusammengeschrieben hatte.

Das habe ich gemacht. Wenn ich auch nicht über mich geschrieben habe, sondern darüber, dass Frauen auf der Straße durch männliche Gewalt gefährdet sind. Aber das war ja auch ein wichtiges Thema. Die Redaktion überarbeitete den Text, und er erschien in der nächsten Zeitung.

So fing es an. Ich war gar nicht einmal stolz. Ich blieb unsicher. Ich bin doch nur eine einfache Frau, von der Straße, dachte ich, wie viele andere auch, nicht besser, nicht schlechter. Diese geringe Selbstachtung hatte mit meinen Erfahrungen zu tun. Knapp fünfzig Jahre lang hatte ich erlebt, wie ich in der Schule, in der Stadt, auf Ämtern oder in den Institutionen als minderbemittelt, als deutlich unter dem Durchschnitt, als mal lästige, mal überflüssige Bittstellerin behandelt wurde, am Ende sogar entmündigt und dauerhaft auf fremde Hilfe angewiesen. Das sitzt tief, und ich kann meine Leidensgenossinnen gut verstehen, die sich nicht anders wahrnehmen als ich damals.

Aber ich schrieb dann doch noch den nächsten und übernächsten Artikel, und schließlich kam ich auf ein Thema, über das zu berichten mir leichterfiel: meinen Hund Clayd. Ich hatte ihn mir bald nach meinem Einzug gekauft. Verliebt, wie ich war, dachte ich, er hat ein größeres Publikum verdient.

Vorher hatte ich einige Workshops mitgemacht, um mich im Schreiben zu verbessern. Die organisierte der Verbund der

Straßenmagazine. Hauptberufliche Autorinnen und Autoren, Journalisten und Radioleute schulten uns. Es ging darum, wie man ein Interview führt oder eine Reportage verfasst, wie man einen Spannungsbogen aufbaut, wie man in eine Geschichte einsteigt und wie man gut hinausgeht. Ich traute mich, mit meinen Storys über Clayd loszulegen, und machte eine Hundekolumne. Die Leute fanden es toll. Kleines Beispiel gefällig?

Hallo, Freunde,
viel habe ich wieder zu erzählen, und oft reicht der Platz gar nicht aus, um all die Neuigkeiten zu berichten. Wir haben einen tollen Ausflug gemacht bei herrlichem Sonnenschein im Auto. Das Autofahren mag ich sehr, und auch wenn es bergauf und bergab geht wie an diesem Tag und es etwas schummrig im Bauch ist, finde ich das cool. Wir sind nach Olpe gefahren zu dem Grab von Franziska. Es war meinem Dosenöffner sehr wichtig, dort einige Sachen auf ihr Grab zu stellen. Ich dachte so bei mir, als ich mich da auf die Wiese legte, ob ich wohl auch mal irgendwann so einen Platz haben werde. Ob dann auch so Figuren und/oder tolle Sachen darauf stehen.
Na ja, und dann fand ich die Erde auf dem Grab echt schmackhaft und fing an, sie zu fressen. Frauchen kriegte schon wieder eine Krise und schimpfte mit mir, dass ich das sein lassen solle. Es wäre nicht gut für meinen kranken Magen. Auch sonst, wenn ich Gras fressen will, ist sie immer sehr streng und lässt es nicht zu. Na ja, dann denke ich, o.k. Kann halt nicht alles haben oder dürfen.

Kennt ihr das, wenn man am Ton der Stimme weiß, ob jemand lieb mit einem ist oder nicht? Bei meinem Zweibeiner weiß ich es ganz genau. Manchmal stelle ich die Ohren auf Durchzug. Wenn wir Gassi gehen und ich als Junge ja schließlich der Aufpasser bin und dafür natürlich immer die neuesten Infos brauche, was so los ist im Revier. Das sieht dann so aus, dass ich einfach hinwill, wenn ich einen Geruch in die Nase kriege. Entweder kommt Frauchen dann mit, oder ich gebe einfach Gas, und sie muss mit, weil ich dahin ziehe. Das kann ich ganz gut, glaube ich, und obwohl ich nicht so aussehe, habe ich 'ne Menge Kraft, wenn ich was will. Dann sagt mein Zweibeiner: So, Clayd, wir werden jetzt wieder jeden Tag die Leinenführigkeit üben. So geht das aber nicht.

Und am Grab von der Schwester war ihre Stimme sehr lieb, als sie sagte: Schau mal, Clayd, nun ist die Franziska irgendwo und passt von da auf uns auf, und wenn du mal gehen musst, bekommst du auch so was. Dafür habe ich schon gesorgt. Ich schaute sie fragend an: Sie sagt, du bekommst später mal ein richtiges Hundegrab auf einem Tierfriedhof. Was immer das ist. Ich wusste gar nicht, dass es für uns Vierbeiner auch so einen Platz gibt. Wir haben dann noch ein Gebet gesprochen, na ja, ich weniger, aber ich habe zugehört und lieb danebengesessen.

Es war echt toll da, und die Sonne hat so schön geleuchtet. Dann waren wir noch in so einem Café, und Frauchen bekam ihren geliebten Kaffee, ohne den ist sie nicht so gut drauf. Dann ging es wieder mit dem Auto zurück.

Auch wenn ich nicht immer alle Worte versteh, spüre ich schon, wenn etwas besonders ist, und sehe es meinem Zwei-

beiner an. Es war ein toller Tag mit Sachen, die ich gerne mache, und genau das wünsche ich euch auch: lauter schöne Sachen im neuen Jahr.
Es grüßt euch euer Clayd.

Genesungsbegleiterin I

Ich begann wieder zu leben, ich schrieb, ich verkaufte Zeitungen, ich blühte auf. Die grausigen fünf Jahre und die Jahre in meinen Gewaltehen lagen hinter mir. Ich wollte nicht zurückschauen, ich wollte endlich nach vorn blicken. Ich war allein, und ich wollte allein bleiben, an meiner Seite ein Hund als Gefährte. Er machte mir Mut, ich selbst machte mir Mut.

Meine Idee, Menschen auf der Straße, besonders den weiblichen, ganz praktisch zu helfen, war damit allerdings noch nicht realisiert. Mit dem Schreiben allein half ich niemandem, auch mich machte es nicht satt, ich brauchte andere Nahrung. Ich wollte praktisch helfen, und dafür brauchte ich mehr Vertrauen in mich, damit ich mich als Helferin auf die Straße traute.

Ein Jahr war ich nun schon beim «Draussenseiter», da bekam ich zufällig einen Flyer mit einem Ausbildungsangebot in die Hände. Ich hatte von diesem Beruf bis dahin noch nie gehört: Genesungsbegleiterin. Was war das? Ich zögerte, mich genauer zu erkundigen. Sollte ich im Alter von knapp fünfzig Jahren wirklich noch mal eine Ausbildung beginnen? Würde ich sie, so kaputt, wie ich war, überhaupt stemmen können? Wieder lernen? Nach so langer Zeit?

Andererseits wollte ich einen Neubeginn. Noch einmal durchstarten. Mir die Kenntnisse verschaffen, die ich für die praktische Arbeit auf der Straße brauchte. Möglicherweise war diese Ausbildung meine Chance. Ich fasste mir ein Herz, bewarb mich auf die Anzeige und wurde eingeladen. Ich legte meine Zeugnisse vor, aber darum ging es meinen Gesprächspartnern gar nicht. Ich sollte erzählen, inwiefern ich eine «Expertin aus Erfahrung» sei. Solche Expertinnen nämlich suche die Bildungseinrichtung. Wie ich aus eigenen Krisen herausgekommen sei, wollten die beiden wissen, die da vor mir saßen, was ich vom Hilfesystem der Ämter und der Sozialhilfeträger wisse, ob ich mich mit psychischen Erkrankungen auskennen würde oder Erfahrung in Selbsthilfegruppen hätte? Ich hatte da einiges vorzuweisen.

Nach dem Bewerbungsgespräch bekam ich noch einmal Zweifel. Das Ganze schien mir eher etwas für Profis. Der Stoff, den ich hätte lernen müssen, war gewaltig, das hatten sie mir nicht verschwiegen. Hielt mein Kopf das aus? Hatte ich die Kraft? Ich war doch erwerbsunfähig geschrieben, auf Dauer! Und vor Kurzem noch entmündigt gewesen!

Ich habe in den Tagen nach meiner Bewerbung viele Gespräche mit Clayd geführt. Er hat immer brav zugehört, seinen Kopf schief gelegt und in den entscheidenden Momenten mit dem Kopf genickt. Ich habe auch meine Oma gefragt. «Na sicher», meinte sie, «du hast das Zeug dazu. Ich hätte auch lieber mehr gelernt. Nutze deine Chance!»

Eine Woche später steckte der Bescheid in meinem Briefkasten. Ich war angenommen, ich durfte loslegen. In dem

Moment, als ich das las, schwanden all meine Bedenken. Ja, ich wollte dabei sein. Ich habe meine Entscheidung nicht bereut. Das einzige Hindernis, das noch zu überwinden war: Ich musste die Ausbildung selbst bezahlen. Nur wovon? Das Jobcenter erkannte diese Ausbildung noch nicht an, es lehnte meinen Finanzierungsantrag ab. Ich musste einen anderen Kostenträger suchen und fand ihn im Landschaftsverband Rheinland (LVR), einem öffentlich-rechtlichen Kommunalverband, der Ausbildungen für Menschen mit Beeinträchtigungen finanziert. Dort wurde meine Anfrage positiv beschieden, ich konnte starten. Heute wäre der Weg nicht mehr so steinig, mittlerweile wird die Ausbildung vom Jobcenter finanziert.

Ich drückte also wieder die Schulbank. Nachdem mich Ärzte und andere Wissende schon aufgegeben hatten. Nach fast dreißig Jahren, in denen ich nur malocht hatte – oder krank war. Kein Wunder, dass mir das Lernen nicht leichtfiel. Die Ausbildung war hart, fordernd. Schule hatte ich alle vier Wochen donnerstags, freitags und samstags. Hauptsächlich musste ich zu Hause lernen, recherchieren, lesen, schreiben. Zwei Praktika waren vorgesehen, ich habe sie mit psychisch kranken Menschen gemacht und lernte, wie ich Patienten helfe, die Probleme mit Angehörigen oder mit dem Arzt haben. Auftretende Konflikte wurden später in der Schule in Rollenspielen bearbeitet. So lernten wir die Einstellung der verschiedenen Akteure besser verstehen.

Der Genesungsbegleiter ist eine Schnittstelle, ein Vermittler zwischen Patient, Arzt, Angehörigen und Ämtern. Deshalb wurden wir darauf vorbereitet, alle Seiten zu sehen, anzuhören, zu betrachten und die verschiedenen Sichtweisen zu akzeptieren, ohne den anderen die eigene überzustülpen. Wir lernten auch, wie vielfältig und individuell Erkrankungen sind, so vielfältig und individuell wie die Menschen.

Die Ausbildung hatte sehr viel mit Selbstreflexion zu tun, wir wurden auf uns und unsere Geschichte gestoßen, wir mussten uns selbst anschauen und haben über uns einiges an Klarheit gewonnen. Auch ich. Um psychisch Erkrankten und Suchtkranken helfen zu können, mussten wir uns auch unserer Geschichte und unseren Macken stellen. Ich musste in dieser Ausbildung mehrfach in die Untiefen eintauchen, durch die ich in meinem Leben hindurchgemusst hatte.

Da waren die Praktika einfacher. Es ging um Handfestes, z. B. darum, mit einem Patienten einzukaufen oder mit ihm eine gesunde Mahlzeit zu kochen. Jupp, den ich einige Wochen lang begleitete, litt unter so großen Angstzuständen, dass er keinen Supermarkt betreten konnte. Also haben wir zusammen eine Einkaufsliste gemacht, die Preise ermittelt und uns erkundigt, wo wir die Produkte finden, die er brauchte. Diese Übersicht sollte ihm helfen, die so angstbesetzte Einkaufstour erfolgreich hinter sich zu bringen.

Die Einkaufswagen standen vor dem Supermarkt. Jupp schob mit zitternden Händen einen Euro in den Schlitz, zog ihn heraus und schob ihn in Richtung Tür. Als sie sich automatisch öffnete, krallte er sich mit aller Gewalt am Griff des Einkaufswagens fest. Seine Fingerknöchel traten weiß hervor, er war nicht in der Lage, den Wagen um die erste Kurve zu lenken, und wäre fast einer alten Frau in die Hacken gefahren.

Wenn er sich bloß hätte setzen können, nur für einen Moment, zum Verschnaufen! Aber Stühle sind bekanntlich in Supermärkten nicht vorgesehen, sie stören den Geschäftsablauf. Ohnehin waren wir ein Hindernis auf den Wegen zwischen den Regalen, so schneckenlangsam, wie wir uns nach vorn schoben. Wir haben an dem Tag nur Milch eingekauft, Margarine, gepacktes Brot und eingeschweißte Käsescheiben. Jupp behielt immer mindestens eine Hand am Griff des Einkaufswagens, als würde er sich so vor der Warenflut und den anderen Käufern schützen können. Erst als wir glücklich die Kasse hinter uns hatten, löste er langsam beide Hände vom Griff und stöhnte leise auf. «Danke», sagte er, «ich hab's geschafft.»

Die Aufgaben, an die wir die Patienten heranführten, durften sie nicht überfordern. Deshalb mussten wir zum Beispiel die Vorzeichen eines Zusammenbruchs erkennen. Das verlangte nicht nur medizinisches Wissen, sondern auch Feingefühl. In Kleingruppen lernten wir, uns und unsere Wahrnehmungen besser einzuschätzen. Das alles nutzt mir heute in meiner Arbeit auf der Straße. Wenn eine Frau in desolatem Zustand auftaucht, Selbstgespräche führt oder mit leerem Blick an mir vorbeischaut, kann ich schneller einordnen, ob sie eine Psychose hat oder aus anderen Gründen abzudriften droht. Ich erkenne das an den Augen, an der Optik, an der Aussprache – es gibt viele Merkmale.

Das Verblüffendste an der Ausbildung war für mich: Ich betrat Hilfseinrichtungen nicht mehr als Nutzerin, sondern als Helferin, zum Beispiel um einen geeigneten Träger für eine Klientin zu finden. Ich musste mir einen Eindruck verschaffen, nicht wie sie mit mir, sondern mit anderen Bewohnerinnen umgehen würden, und musste abwägen, ob ich die Einrichtung guten Gewissens empfehlen konnte. Dabei griff ich auf mein eigenes Erleben und Erleiden zurück und erkannte schnell die mangelnde Empathie mancher Institutionen.

Wir trainierten auch, Leitungspositionen einzunehmen. Ich musste z. B. ein Café organisieren, das einmal die Woche seine Tür für psychisch erkrankte Menschen öffnete. Meine Erfahrungen im Café Auszeit halfen mir, ein besseres Angebot für die Bewohner zur Verfügung zu stellen, als ich es damals erlebt hatte.

Ich musste schließlich lernen, wie ich einen Fachvortrag halte, wie ich vor vielen Menschen rede, im öffentlichen Raum kommuniziere, ohne Fehler spreche, etwas auf den Punkt bringe, PowerPoint-Präsentationen anfertige und vortrage, eine vorgegebene Redezeit einhalte. Ich hätte mir vorher nicht träumen lassen, dass ich das alles schaffe.

Die einjährige Ausbildung zur Genesungsbegleiterin hat mich vorangebracht und mich gut auf die Arbeit mit Ausgegrenzten und Hilfsbedürftigen vorbereitet. Ich war zwar die Einzige aus unserem Kurs, die anschließend in die Obdachlosenhilfe eingestiegen ist, aber die anderen setzten ihre Kenntnisse in der Altenarbeit, in der Arbeit mit psychisch Erkrankten oder in der Jugendarbeit ein. Wer sich dafür interessiert, dem kann ich nur Mut machen, diese Ausbildung anzupacken. Wenn ich das geschafft habe! Mit meiner Geschichte!

Als das Jahr zu Ende ging, flog unsere Auszubildendengruppe wieder auseinander. Jeder ging seiner Wege. Freundschaften sind nicht geblieben. Das lag bestimmt auch an mir. Ich wollte mich nicht binden. Ich wollte keine Freunde. Freundschaften ziehen Verpflichtungen und Verantwortungen nach sich. Ich wollte das nicht.

Das hat sicher mit meinen Gewaltehen zu tun. Meine Ehemänner haben keinerlei Verantwortung für unser gemeinsames Leben übernommen. Sie konnten es nicht oder wollten es nicht. Sie haben auf meine Kosten gelebt. Nur ich hatte Verpflichtungen, die sie mir auch noch in den Leib prügelten. Das hat mich nachhaltig geschädigt. Nach diesen Ehen habe ich niemanden mehr in mein privates Leben eingelassen. Mir reicht Clayd. Er reicht mir vollkommen.

IV. Clayd

Obdachlose und Hunde – das ist wie Mutter und Kind, Reiter und Pferd, Hirte und Schaf. Na ja, ich merke schon: Vergleiche bringen hier nichts. Alles Unsinn. Aber wie erklärt man Menschen, die nichts mit Hunden zu tun haben, diese innere Verbindung? Besonders wenn Mensch und Hund auf der Straße leben? Natürlich gibt es viele Obdachlose ohne Hund. Aber es gibt vermutlich noch mehr von ihnen, die neben sich einen Hund haben oder sich sehnlichst einen an ihrer Seite wünschen.

Ich jedenfalls brauchte als Obdachlose einen Hund: als Begleiter, als Beschützer und als Freund. Nein, ich hatte auf dem Friedhof keinen Hund dabei. Das lag aber an meiner Erkrankung – ich hätte einen Hund nicht versorgen können, das immerhin war mir bewusst. Aber sobald ich wieder etwas klarer sehen und denken konnte, habe ich mir einen Hund an meine Seite geholt. Im betreuten Wohnen waren das «geborgte» Hunde. Als ich wieder meine eigenen vier Wände hatte, war es Clayd. Da ich trotz meiner Wohnung auch weiterhin täglich viele Stunden auf der Straße lebte, unter meinen Obdachlosen, also Straßenkind blieb, das ich immer auf irgendeine Weise gewesen war, wurde Clayd auch dort mein unverzichtbarer Begleiter.

Mein Vertrauter

Clayd weiß, wie er sich zu benehmen hat. Er hat den Überblick, ist gelehrig, freundlich, zugewandt. Nur nicht, wenn jemand vor meiner Tür steht und klingelt oder meine Wohnung betritt. Er bellt, dass in der Küche die Kacheln von den Wänden fallen. Er kriegt den bösen Blick, zieht die Lefzen hoch, bei jedem Bellen vibriert sein ganzer Körper. Er benimmt sich, als würde er den Eindringling im nächsten Moment zerfleischen wollen. Was er zum Glück noch nie getan hat. Auch wenn ihm das keiner der ungebetenen Gäste glauben mag. Blöderweise kann ich ihn nicht zur Ruhe bringen. Obwohl ich auch nicht ohne bin, gehorcht er mir nicht mehr, kein scharfes Wort von meiner Seite stoppt ihn, kein Brüller.

Ich vermute stark, er durchschaut mich zu gut. Er wittert einfach, dass ich eigentlich niemanden in meiner Wohnung mag. Meine Wohnung ist mein Refugium. Und seines natürlich auch. Jeder Dritte bringt hier das Gleichgewicht durcheinander, das könnte durch einen aufdringlichen Blick in unsere Räumlichkeiten passieren oder den fremden Geruch, der sich in den Raum stellt. Und dort stehen bleibt, auch wenn der Mensch uns längst wieder verlassen hat.

Manchmal muss ich unser Refugium allerdings öffnen. Dann passiert, was ich gerade beschrieben habe. Als ich Ende

2023 sehr schlimm erkrankte und mich kaum noch bewegen konnte, wollte ich erst recht niemanden hereinlassen. Also wurde Clayd noch verrückter und verteidigte mich, als würde gleich der Wolf aus ihm herausspringen, der in ihm steckt. Aber ich brauchte ein paar Sachen, die mir Leute besorgten. Und alles vor der Haustür abstellen, geht auch nicht immer. Also öffnete ich die Wohnungstür, und die Hölle brach los.

Er will es einfach nicht und spielt sich zu meinem Alter Ego auf. Auch wenn er, wie berichtet, noch nie zugebissen hat, bleibt mir dann nichts anderes, als zur Wasserspritze zu greifen und ihm das Gemüt zu kühlen, mit einem leichten feuchten Nebel, wie man ihn auf Bügelwäsche sprüht. Er schüttelt sich und schaut mich an, als wollte er sagen: Lass das, ich kapier's ja, aber du weißt echt nicht, was du willst. Und legt sich für ein paar Sekunden still hin. Um dem Besucher und mir kurz darauf erneut mein anderes Ich ins Trommelfell zu bellen: Hier ist kein Platz für jemand Dritten!

Allerdings hatte ich ihm diese scharfe Wachsamkeit zu Beginn unseres gemeinsamen Lebens selbst beigebracht. In meiner ersten Wohnung nach meiner Zeit im betreuten Wohnen sollte er anschlagen, wenn sich draußen etwas Verdächtiges tat. Ich hatte ihn ausdrücklich darum gebeten. Es war nämlich nicht das netteste Haus, in dem wir untergekommen waren. Hin und wieder wurde in die ein oder andere Wohnung eingebrochen. Davor schützte uns Clayd durch seine klare Message: Hier wohnt ein Hund mit Stimme und mit Zähnen!

Was übrigens in meiner neuen Wohnung von den Nachbarn sehr gern gesehen und gehört wird. Clayd bewacht das ganze Haus. Es kommt keiner ungehört und unverbellt durch den Hausflur. Das mag den Paketboten nerven – uns beruhigt es.

Sonst ist er eine Seele von Hund. Die Ruhe selbst. Wenn wir allein sind, sind wir das perfekte Duo. Er streitet nicht mit mir, er gibt mir keine dummen Antworten, er diskutiert nicht mit mir, er fragt mich nicht, wann kommst du wieder, wo hast du das Geld gelassen, wo sind die Kassenbons? Stattdessen sagt er mir auf seine Art: Wir schaffen das, wir sind ein Team.

Wenn ich gut drauf bin, zieht er sich zurück, setzt sich in sein Körbchen und schläft den tiefen Hundeschlaf. Manchmal sitzen wir auch nebeneinander auf der Couch und gucken uns freundlich an, und ich sage zu ihm: «Clayd, du bist wunderschön, ich liebe dich, ich würde dich immer wieder nehmen. Egal wie alt und wie grau du bist, Clayd.» Dann schaut er mit großen Augen zurück und stellt klar: «Okay, ich lieb dich auch. Und übrigens bist du auch schon ziemlich alt.»

Wenn ich allerdings nicht gut drauf bin, Clayd merkt das sofort, dann folgt er mir auf dem Fuße, er ist ganz dicht an meiner Seite, hält Körperkontakt in jedem Raum, in den ich gehe, Küche, Wohnzimmer, Schlafzimmer, Balkon: Er kommt mit, setzt sich vor mich oder neben mich, tatscht mich mit der Pfote an, wenn ich auf der Couch sitze, legt mir den Kopf auf die Beine oder auf den Schoß. Und manchmal, wenn ich wieder aufstehe, stellt er sich auf die Hinterbeine und legt mir beide Vorderbeine auf die Schultern, er umarmt mich regelrecht. Auf viele Arten zeigt er mir: Komm, wir kriegen das schon hin. Von seiner Mutmacherei lasse ich mich tatsächlich anstecken, das atme ich ein. Denn er macht keine unnötigen Worte, er macht gar keine. Er handelt.

Weil er immer bei mir war, mich aufmunterte, mich mit felliger Wärme umgab, hatte meine Psychose keine Chance, mich noch einmal zu quälen. Die Experten hatten mir das gegenteilige Schicksal prophezeit: «Diese Krankheit lässt Sie nicht los! Sie sollten sich darauf gefasst machen, dass sie jederzeit über Sie herfallen kann.» Auch da ist Clayd vor. Er bewachte mich vom ersten Tag an, er bewacht mich noch heute. Mit Zuwendung. Dafür kann ich ihm gar nicht genug danken.

Ich kannte als Kind keine Umarmungen und kein Trösten. Meine Oma war herzensgut zu mir, aber immer auf Distanz. Den Umarmungen, die ich in meinen Männerbeziehungen erlitten habe, fehlte jede Herzensgüte. Kein Wunder, dass ich die Distanz meiner Oma lebe und keinen Körperkontakt zu nichts und niemandem zulasse. Clayd ist das einzige Wesen, das meine Abwehr durchbricht. Von ihm droht keine Gefahr, wir halten uns, wir schenken uns ebenbürtig Trost und Hilfe.

Letztens war ich todmüde, sehr unpassend, denn ich wusste, eigentlich stand sein großer Gassigang an. Aber ich musste mich hinlegen. Genauso hab ich ihm das auch gesagt. «Clayd», sagte ich zu ihm, «ich muss mich einfach hinlegen, ich kann nicht mehr.» Er guckte mich an, seine Augen sagten «Mach!», ohne weiteren Kommentar, und ich habe mich guten Gewissens auf dem Sofa ausgestreckt und eine Stunde geschlafen. Er auch. Dann sind wir raus, im besten Einvernehmen. Ich hatte mal wieder das Gefühl, Clayd versteht jedes Wort, das ich sage.

Egal, wie es mir geht, egal, wie ich aussehe, dass ich keine Zähne habe und ein bisschen pummelig bin; ob ich im Schlafanzug herumtapse, ob meine Haare sitzen: Das interessiert Clayd einen Dreck, es interessiert ihn null. Noch besser: Er fordert nichts für sein Verständnis und sein Mitgefühl. Hauptsache, ich bin da. Hauptsache, er kann mit mir kuscheln, kriegt sein Fressen, ich geh mit ihm Gassi. Hauptsache, er ist an meiner Seite. Einfacher kann man doch ein Wesen nicht glücklich machen. Und selbst glücklich dabei sein.

Ich habe ihn als Welpen zu mir genommen, 2011 war das. Als er kam, hatte er eine ganz schwarze Maske, die Schnauze war tiefschwarz. Jetzt ist er grau, mit weißen Strähnen. Die Maserung, die Fellzeichnung: Das hat sich auch im Laufe der Jahre geändert. Immer weißer wird er.

Das bringt ihn mir noch näher. So überstehe ich mit ihm selbst sehr schwere Tage immer besser. Den Todestag meiner Oma zum Beispiel. Sie ist an einem 29. November gestorben, 1981. Sie wäre am 29.12. desselben Jahres achtzig Jahre alt geworden. Ich habe am 8. Dezember Geburtstag, nur neun Tage später, in ihrem Todesjahr wurde ich achtzehn. Das ist der Grund, weshalb ich meinen Geburtstag nicht feiern kann. Ihr Todestag nimmt mich immer noch sehr mit. Sie ist immer noch sehr real, es gibt keinen Tag, an dem ich nicht an sie denke. Oft rede ich mit ihr und überlege, ob sie gut findet, was ich mache. Wäre sie stolz auf mich gewesen? Vielleicht. Aber sie hätte mir sicherlich schon den ein oder anderen Einlauf verpasst. Ich habe einen kleinen Altar für sie aufgebaut, da sitze ich an ihrem Todestag und spreche lange mit ihr. Nur Clayd kann ich in diesen Stunden ertragen. Ich bin davon überzeugt, sie hat mir Clayd geschickt.

Ich hatte ihn noch kein Jahr, da verschwand er plötzlich. Es passierte während meiner Ausbildung zur Genesungsbegleiterin. Ich hatte für ihn eine Sitterin angeheuert, weil ich zur Schule musste. Sie arbeitete in einem Tierschutzverein, und ich ging davon aus: Das passt, sie wird verantwortungsbewusst mit Clayd umgehen. Als ich zurückkam, um ihn in Empfang zu nehmen, stand die Frau völlig aufgelöst vor mir und schluchzte, Clayd wäre trotz Schleppleine abgehauen, als sie mit ihm im nächsten Wäldchen spazieren gegangen sei. Ich dachte, mich trifft der Schlag, bin ohne zu überlegen losgestürzt und habe den Wald systematisch durchkämmt.

Nach einem Anruf bei Freunden ging die Meldung über das Plattentelefon wie ein Lauffeuer rund, von Mund zu Mund. Viele Obdachlose unterstützten mich bei der Suche, und am selben Abend wusste jeder Obdachlose in Köln, dass Clayd gesucht wird. Ich habe mich bei der Schule abgemeldet und am nächsten Tag alles abgeklappert, an jeder Tür geklingelt, jeden Hinterhof durchstöbert, ich bin durch die Straßen, an der Bahnlinie entlang, immer in Angst, dass plötzlich sein überfahrener Körper vor mir liegt.

Am nächsten Tag habe ich Flyer mit seinem Foto gedruckt und einem kurzen Text. Frauen vom Café Auszeit halfen mir, sie in der Umgebung aufzuhängen und in die Briefkästen zu stecken. Aber es blieb dabei: Niemand hatte ihn gesehen. Auch eine Suchaktion über Tasso – eine bundesweit tätige Organisation, die bei der Suche nach entlaufenen Haustieren hilft – brachte keine einzige positive Rückmeldung.

Dann kam im «Draussenseiter», in dem ich schon ein paar Texte veröffentlicht hatte, eine große Suchanzeige mit Foto.

Wieder nichts. Ich drehte schier durch, denn Clayd brauchte besonderes Futter, besondere Medikamente und hätte ohne sie nach einer Woche oder zwei Wochen sterben können. Ich überstand diese Tage nur mit Beruhigungstabletten.

Nach gut einer Woche brachte der Kölner Stadtanzeiger meine Suchanzeige. Zwei Tage später erhielt ich einen Anruf. Aus Leverkusen, fünfzehn Kilometer nördlich von Köln, wohin natürlich keine unserer Suchaktionen gereicht hatte.

Eine Frau hatte Clayd auf dem Foto wiedererkannt. Sie habe einen Mann mit diesem Hund im Dunkeln gesehen. Hundertprozentig sicher sei sie sich nicht gewesen, deshalb wolle sie sich am nächsten Tag vergewissern. Sie rief mich tatsächlich erneut an. Ja, nun sei sie überzeugt, sie wolle das nächste Mal hinter dem Mann hergehen und seinen Wohnsitz herausfinden.

Das tat sie und rief die Polizei. Die wollte wegen einer solchen Lappalie erst nicht kommen, doch die Frau setzte sich durch, und so wurde Clayd sichergestellt und von der hinzugerufenen Feuerwehr ins nächste Tierheim gebracht.

Die Adresse musste ich bei der Polizei erfragen, denn der Finderin hatten die Beamten Clayds Verbleib nicht mitgeteilt. Am Telefon gab ich der Polizei seine Chipnummer und andere Daten durch und bekam die Anschrift. Am nächsten Tag nahm ich Impfpass und Kaufvertrag mit, legte beides im Tierheim vor und erhielt meinen Hund. Ich war überglücklich. Clayd auch.

Völlig schräg war, was dann passierte. Die Wohnung, aus der Clayd von Polizei und Feuerwehr befreit wurde, gehörte der angeblichen Tierschützerin, der ich Clayd zehn Tage zuvor anvertraut hatte. Sie lebte dort mit ihrem Mann, der seit dem Diebstahl mit Clayd Gassi gegangen war. Das Pärchen wollte Clayd vermutlich als Zuchtrüden einsetzen, seine Welpen hätten etwa 800 Euro pro «Stück» gebracht. Ich brachte die Geschichte an die Öffentlichkeit. Prompt verklagte mich die «Tierschützerin» wegen übler Nachrede – und verlor. Dass sie Clayd gestohlen hatte, war zu offensichtlich.

Erst nach der am Ende erfolgreichen Suchaktion ging ich wieder zur Schule und beantragte, mein Hund solle mich während der Ausbildung begleiten und das Gebäude betreten dürfen. Das war bislang verboten. Mein Antrag wurde erst einmal zurückgewiesen, da könne ja jeder kommen, hieß es. Ich habe meine Situation erklärt, den Diebstahl, die Krankheit von Clayd, meine Not, an den Schultagen eine sichere Bleibe für ihn zu finden. Und ich habe angekündigt, die Ausbildung abzubrechen, müsste ich ihn erneut allein lassen. Die Ausbilder setzten sich für mich ein, ich hätte viel Potenzial, es sei nicht zu verantworten, wenn ich die Ausbildung beende. Ich bekam die Sondergenehmigung.

Genesungsbegleiter II

Dass Clayd ebenfalls viel Potenzial für die Ausbildung zum Genesungsbegleiter hat, ahnte damals wohl niemand. Obwohl er ja schon die besten Voraussetzungen mitbrachte. Er spürte nämlich immer, dass er sich freundlich benehmen sollte, besonders wenn wir auf der Straße waren. Also musste er einfach nur noch gut zuhören, als er mich in der Ausbildung begleitete, und sein wachsendes Wissen draußen umsetzen.

Menschen, die Angst vor Hunden haben, befreit er durch sein ruhiges und freundliches Wesen von dieser Angst. Menschen, die keine Hunde in ihrer Nähe ertragen konnten, saßen nachher auf der Erde und haben Clayd gestreichelt. Er ist ein Eisbrecher bei meiner Arbeit. Wenn Leute verschlossen sind, nicht reden wollen, mich anschweigen und auf keine Frage antworten, kommen wir trotzdem ins Gespräch. Und sei es nur, indem sie sagen: «Was für ein schöner Hund», und ich von ihm erzähle.

Ich sollte ihn endlich beschreiben, den Clayd. Seine Schnauze ist markant, sie erinnert an das edle und stolze Erscheinungsbild eines Wolfes. Die Ohren sind nicht kupiert, er kann sie aufstellen, wenn er angespannt ist, sonst knicken sie auf der Hälfte oder komplett ein und unterstreichen seinen friedlichen Ausdruck und sein aufmunterndes Gesicht mit den wachen dunklen Augen. Sein Fell ist dicht und weich, Hals und Körper kräftig und nicht durch Überzüchtung in der Hüfte abgeknickt, wie es bei Schäferhunden der Fall ist. Sein Schweif ist buschig und nicht kupiert, er trägt ihn als Zierde seiner vornehmen Erscheinung.

Auf der Straße geht er nur dann in seinen Alarmmodus, wenn mir Leute ungefragt und ungebeten zu nahe kommen. Sonst lädt seine Freundlichkeit die Menschen dazu ein, ihn anzusprechen. Er legt dann den Kopf schief und denkt sich seinen Teil. Recht schnell bildet er sich sein Urteil. Manchmal fällt es zuungunsten eines Menschen aus, und Clayd erlaubt ihm keinen Kontakt, erst recht kein Streicheln. Meist allerdings entdeckt er in ihnen einen liebevollen Wesenskern, und seine Signale sind so eindeutig, dass sie von allen gelesen werden können. Sie lauten: Lass mich ein wenig an dir schnüffeln, an deinem Hosenbein oder deiner Hand, dafür darfst du mich streicheln, mich kraulen und mir nette Worte sagen.

Oft stellt er Kontakte her, auf der Straße, in der Bahn, auf dem Wiener Platz, wo ihn viele kennen. Wer sich trotzdem nicht an ihn herantraut, der spricht mich auf sein FC-Halstuch an oder auf die Schnuller, die er an seinem Geschirr trägt. «Ja», sage ich dann, «er ist Fußballfan, er würde am liebsten mitspielen, gern in der Verteidigung. Und Schnuller, nun, die braucht er zwar nicht, aber er trägt sie gern zur Schau, er will damit seine Kinderliebe zeigen.»

Wenn ihn auf der Straße wildfremde Menschen kraulen, weil er sich blitzschnell eine positive Meinung von ihnen gebildet hat, erstaunt das viele. Zu Recht, finde ich. Denn diese Fähigkeit, Nähe zuzulassen, hat nicht jeder Hund. Doch er erlaubt nicht nur Kontakt, er genießt ihn, obwohl er sehr krank ist und oft Schmerzen hat. Er hätte deshalb ein aggressiver Angsthund werden können, ein Angstbeißer. Das Gegenteil ist der Fall. Clayd hat einfach einen wundervollen Charakter, wie geboren für das Streetworking. Er zieht Menschen an, und die Leute wollen seine Aufmerksamkeit. Er gibt sie wie ein Therapiehund, knüpft die Kontakte, ermöglicht Begegnungen, leitet Gespräche ein. Besser, als ich es kann.

Ich nenne sie Ella, eine junge Frau, die schon Monate am Wiener Platz gelebt hat. Sie war allein, immer. Wenn ich kam, drehte sie den Kopf weg, ich stellte ihr etwas zu essen und zu trinken hin. Sie nahm es, sprach aber kein Wort. Das blieb so, auch nachdem ich sie schon Wochen unterstützt hatte. Aus den Augenwinkeln beobachtete sie meine Runden, die ich über den Platz drehte. Ich wusste nichts von ihr, außer dass sie dort lagerte und sich wegdrehte, wenn ich kam. Und dass sie abends zu ihrem Schlafplatz in den Park ging.

Seit unserem ersten Kontakt waren Wochen vergangen. Ich ruhte mich auf den Stufen des Platzes aus, neben mir Clayd, den sie genauso viel oder wenig kannte wie mich. Mit dem sie genauso wenig Kontakt wie mit mir aufgenommen hatte, wohingegen er sie immer mit wachen Augen beobachtete, wenn ich ihr Essen und Trinken hinstellte und ein paar aufmunternde Worte murmelte.

Da kam sie eines Tages unerwartet auf uns zu. Mit sehr langsamen und schweren Schritten, die gar nicht zu ihrer Zartheit zu passen schienen. Ihr Gepäck hatte sie anscheinend im Durchgang gelassen – dort wo sie immer lagerte –, ihren Schlafsack, Tüten, eine Unterlage.

Clayd hob nicht einmal den Kopf, auch nicht, als sie vor uns stand. Er hob nur den Blick und lächelte sie an. Wie eine gute alte Bekannte. Setz dich zu uns, sagte er. Sie hörte das. Komm, sagte er noch einmal, keine Sorge, setz dich ruhig. Ich wollte schon immer mal deine Hand auf meinem Fell spüren, ich glaube, du hast ganz weiche Hände. Könnte sein, sagte er, deine Hände erzählen mir eine Geschichte. Ich bin ganz gespannt. Seine Ansprache dauerte fünfzehn Sekunden oder ein bisschen länger, in denen er sie unverwandt anschaute und sie stumm dastand und ihm zuhörte.

Dann setzte sie sich. Nicht neben mich, sondern neben

Clayd. Sie zögerte noch, ihm die Hand aufs Fell zu legen, er drehte jetzt den Kopf zu ihr und wiederholte noch einmal, er wolle hören, welche Geschichte ihre Hände erzählten. Sie hob mühsam ihre Linke, als sei sie tonnenschwer. Als sie auf seinem Fell lag, fiel diese Schwere von ihr ab, und sie begann vorsichtig, ihn zu streicheln. Hunde schnurren ja nicht, aber Clayd kann vor Wohlbehagen stöhnen. Das tat er. Und ich sah ein ganz kleines Lächeln in Ellas Gesicht. Und dann tropften ihr die Tränen aus den Augen. Wir saßen eine halbe Stunde beieinander, in der wir kein Wort sprachen, sie Clayd streichelte und immerfort weinte.

Die ganze Person war leichter, als sie sich erhob, wischte sich mit dem Ärmel über die Augen und sagte: «Ich bin Ella.» – «Das ist Clayd», antwortete ich. Sie nickte und ging zurück zu ihrem Platz. Als ich das nächste Mal bei ihr vorbeischaute und ihr Essen und Trinken hinstellte, fragte ich, wie es ihr ginge. Sie schaute hoch, und wir unterhielten uns. Clayd legte sich währenddessen neben sie.

Clayd will nie allein zu Hause bleiben. Er will etwas erleben, er ist neugierig, er will immer mit, Stress hält ihn davon nicht ab. Er zerrt mich, wenn es nervig wird, nicht etwa nach Hause. Er bleibt in der spannenden Welt, möchte Aufmerksamkeit schenken und zurückhaben, er will den Menschen helfen. Clayd ist durch und durch Genesungsbegleiter.

Er kommt sogar auf Veranstaltungen mit, mehr oder weniger langweilige, zumindest für ihn, der ja nicht so der Theoretiker und Wortakrobat ist und den lange Vorträge und Diskussionen eher abtörnen.

Wenn ich mal ins Radio- oder Fernsehstudio eingeladen bin und von meiner Arbeit erzählen oder über das Thema Obdachlosigkeit diskutieren soll, ist meine Bedingung immer: Clayd muss mit. Ohne meinen Hund gehe ich nirgendwohin und trete nirgendwo auf. Die üblichen Reaktionen sind: Schock, Augenrollen, aufstöhnen. Am Ende geben sie alle nach, und niemand hat es bisher bereut. Clayd schafft jede Herausforderung. Einmal mussten wir in ein Studio mit einem komischen Gummiboden, den er nicht kannte. Er blieb wie angeschraubt stehen, schaute mich groß an, ich sagte: «Na komm, du schaffst das, da gehen wir rüber.» So war es dann auch, und Clayd hat sich brav unter den Tisch gelegt und keinen Mucks mehr getan. Unsere Gastgeber waren nachher platt, so was hatten sie überhaupt noch nicht erlebt. Mein Hund kann das. Clayd kann's einfach.

Er war also immer dabei, bei jeder Podiumsdiskussion, jeder Veranstaltung, in jedem TV-Studio, egal, was ich gemacht habe. In zwölf Jahren bin ich nie ohne ihn angetreten. Einfach weil er mir Sicherheit gibt. Und auch so etwas wie Leichtigkeit. Ich schaue ihn an, und dann fallen mir die richtigen Sätze ein. Vielleicht weil er ja auch ein Obdachloser war, ein geprügeltes, missbrauchtes Wesen. Wahrscheinlich macht er deshalb alles mit, wir sind Schicksalsgenossen. Darum vertraut er mir, und ich vertraue ihm.

Clayd hilft mir auch, nicht in all dem Elend auf der Straße unterzugehen, in den Schicksalen der Menschen, denen ich begegne, den Frauen, die mir ihre Gewalterfahrung erzählen, so intensiv, dass ich eigentlich gar nicht wieder weggehen will. Oder fliehen möchte. Auch wenn ich in meiner Ausbildung als Genesungsbegleiterin gelernt habe, mich abzugrenzen, fällt es mir im Konkreten dann doch oft schwer. Wer mir hilft, ist Clayd. Sein schlechter Gesundheitszustand zwingt mich einfach dazu, mich auf ihn zu konzentrieren, sobald ich die Straße hinter mir habe. Denn ich kann mir keine Unaufmerksamkeit leisten, wenn ich ihm seine Medikamente verabreiche. Was dann passieren würde! Insofern ist Clayd auch nach der Arbeit meine Rettung: Ich muss wach bleiben, kann mich nicht in den Geschichten der Frauen vergraben oder verlieren. Spätestens wenn wir nach Hause gehen, bin ich völlig auf meinen Hund konzentriert. Insofern ist er auch mein privater Genesungsbegleiter.

Wie Clayd zu mir kam

Nachdem ich die bekloppte Zeit in der Frauenwohngemeinschaft hinter mir hatte, in der ich mich mit geborgten Hunden über Wasser gehalten habe, war meine wichtigste Aktion nach der Schlüsselübergabe für meine neue Wohnung: einen eigenen Hund finden.

Ich studierte die einschlägigen Anzeigen und wurde im dritten Anlauf fündig. Anders als die vorherigen Angebote schien mir diese vielversprechend. Ich wählte die Nummer, eine Frau gab mir eine Wegbeschreibung, wo ich sie und den hübschen Welpen finden würde.

Ich sollte am nächsten Morgen zur Endhaltestelle der Straßenbahnlinie 1 fahren, raus aus Köln, in den übernächsten

Ort, nach Bensberg. Dort würde ich abgeholt werden. Ich hatte mein Äußeres beschrieben, und als ich ausstieg, rollte ein Auto heran, jemand hielt mir die Beifahrertür auf, brummelte ein «Guten Tag» und preschte mit mir los, durch Berg und Tal, von denen das Bergische Land einige zu bieten hat. Geredet wurde nicht viel, die Frau hatte einen starken Akzent, das Auto lärmte und krachte, ich verstand kein Wort. Sie fuhr irgendwann von der asphaltierten Straße herunter, bretterte eine Schotterpiste entlang, dann nicht mal mehr das, wir kurvten geradewegs in einen Wald. Nach einigen Hundert Metern hielt sie am Rande einer kleinen Lichtung, die von hohen Bäumen umstanden war. Wir stiegen aus, eine frische Brise, gewürzt mit dem Duft von Holz, Blättern und Pilzen, drang mir in die Nase. Ich schaute mich suchend um. Verbarg sich da drüben hinter den Büschen ein Verschlag? Jedenfalls gingen wir darauf zu. Es war kein Haus, eher eine Bretterbude ohne Fenster.

Lautes Gebell drang heraus, ich war verwirrt: ein Hundezwinger? In dieser Abgeschiedenheit? Ganz allein? Ohne Wohnhaus? Ohne Auslauf? Warum? Die Fragen schossen mir nur kurz durch den Kopf. Ich suchte nicht wirklich nach einer Antwort, manchmal ist der Verstand ausgeschaltet. Und man konzentriert sich nur auf das, was gerade abläuft. Das war ja krude genug, spannend irgendwie, ich kam mir vor wie Gretel ohne Hänsel. Die Frau verschwand in der Bude, ich sollte draußen warten. Zur Begründung meinte sie, die Hunde wären aggressiv, sie würden beißen, ich könne nicht mit hinein. Immer noch lief mein Verstand auf Sparflamme. Ich wollte nur sehen, was für einen Hund sie für mich hatte.

Nach einiger Zeit kam sie wieder heraus, mit einem Welpen auf dem Arm, dem kleinen süßen schwarzen Pummelchen, von dem sie mir am Telefon erzählt hatte. Aber ich wusste gleich, das ist nicht meiner. Bei der ersten Begegnung mit einem Hund muss sofort der Funke überspringen. Sonst wird das nichts mit der Gemeinschaft zwischen Mensch und Tier. Ich schüttelte den Kopf, nahm den Kleinen nicht mal auf den Arm, ich war mir völlig sicher. In der Nähe schrie ein Käuzchen, ein passender Kommentar zu meiner Entscheidung. Die Frau guckte missbilligend, grunzte etwas von «mein Angebot» und noch etwas, was ich nicht verstand.

Ich reimte mir aus dem Geraunze zusammen, dass sie noch einen Welpen hatte, und nickte, eher aus Höflichkeit. Eigentlich war ich schon auf dem Sprung, ich wollte die zweite Adresse aufsuchen, die auf meinem Plan stand, und legte mir im Kopf schon die Fahrt dorthin zurecht. Falls die Frau mich überhaupt wieder aus dem Wald herausfuhr.

Sie schlurfte nach meinem Nicken missmutig in ihre Bretterbude zurück, ich hörte die Hunde kläffen. Es dauerte ziemlich lange. Dann kam sie wieder heraus, mit einem anderen Hund auf dem Arm, schön eingepackt, aus der Decke schaute nur die Nase heraus. Ich sah diese Nase, diese schwarze Nase und die schwarzen Augen dahinter und wusste: Den nehme ich.

Man sagt ja, nicht der Mensch sucht sich den Hund, sondern der Hund sucht sich den Menschen: mit einer Geste oder einem Blick oder einem besonderen Duft. Bei Clayd war es die Schnauze. Ich sah sonst nichts, den Körper nicht, nicht den Hals, nicht die Beine, die Pfoten nicht, das Fell nicht, nicht seine Farbe. Trotzdem: Er war es und blieb es. Ich nahm ihn auf den Arm, sofort strömten zwei Energien zusammen und wurden eins, ich fragte nicht nach den Papieren und hörte nicht auf die Geschichte, die mir die Frau von meinem Hund erzählte. Sie ließ mich wieder in ihr Auto einsteigen, sie fuhr mich zurück zur Haltestelle, und ich ließ mich von der Bahn glücklich nach Haus gondeln. Voller Vorfreude, dass sie ihn mir ein paar Tage später bringen wollte.

Ich hätte vielleicht klüger sein sollen. Mit unserem Familienhund Bonny, der in meine zweite Ehe eingezogen war, hatte es auch so seine Bewandtnis. Er kam aus Ungarn, das stellte sich aber erst später heraus. Es hieß, er sei eine Dogge, das stimmte genauso wenig. Damals war mein Mann der Blinde, weil er auf Doggen abfuhr. Eine Dogge! Und so preiswert! So ein starker Hund! Den nehmen wir, entschied er und warf sich in die Brust. Ich merkte leise Zweifel an, er überging sie, wie gewöhnlich. Er wollte eben angeben mit diesem gewaltigen Hund, dieser – oh! – Dogge!

Als wir beim Tierarzt zum Erstcheck waren, sagte der: Einen hübschen Dackelmix haben Sie da! Sicherlich, sie war einmalig in ihrer Art, unsere Bonny. Kopf, Rumpf, Schwanz und Farbe waren von der Art eines Schäferhundes. Aber unterm Bauch wuchsen ihr Dackelbeine. Unsere «Dogge» wurde gerade mal wadenhoch.

Ich liebte Bonny trotzdem, vielleicht weil ich immer besondere Tiere hatte. Ich war nie ohne Hund, bin mit dem Hund meiner Oma aufgewachsen, der uns oft im Wald beim Holzsammeln begleitete. Ich habe früh für den Tierschutz gearbeitet und mit siebzehn Jahren das erste Tier aufgenommen, in meine eigenen Räume, die ich damals schon bewohnte. Es stammte aus Qualhaltung, wie man sagt. Es war eine von ihren Besitzern geschlagene und geschundene Kreatur. Sie versteckte sich eineinhalb Monate unter meinem Bett und traute sich nicht hervor, sogar das Fressen musste ich ihr unters Bett schieben, und ihre Ausscheidungen verrichtete sie ebenfalls dort. Bis sie Vertrauen zu mir gefasst hatte.

Ich habe auch andere Hunde in Notsituationen gepflegt, die gequält worden waren. Mit einem Terrier habe ich drei Tage und drei Nächte auf dem Küchenboden zugebracht, bis er seine Angst verlor. Da war ich schon erwachsen und das erste Mal verheiratet.

Dieses Kümmern hat mir meine Oma wahrscheinlich in die Wiege gelegt. Wenn schon kein menschlicher Trost, keine menschliche Wärme mich umgab – warum sollte ich das nicht auch so machen? Ich machte es so. Mit meinen Tieren. Auch das war Zuwendung, Verständnis und Haltgeben. Der körperliche Kontakt zu meinen Tieren fiel mir leicht, er gehörte dazu, er wurde gewollt, sogar von ihnen ersehnt – und ich ersehnte ihn ja auch. Gleichzeitig war er kostenfrei, ich hatte nichts von ihnen zu befürchten. Körperliche Nähe mündete in keinen Übergriff, keine Gewalt, keinen Versuch, mich zu vernichten.

Zwei Tage später kam die Frau tatsächlich und trug Clayd die Treppe zu mir hoch. 200 Euro kassierte sie, wie es vereinbart war. Ich bekam die Papiere, den Impfpass, den Kaufvertrag. Auch das wie vereinbart.

Am nächsten Tag merkte ich, irgendetwas stimmt nicht.

Clayd war völlig verstört, er kannte nichts, keinen Luftzug, der durchs Fenster hineinwehte, keine Menschenstimmen, kein Autogeräusch, nicht mal eine Wiese. Als ich mit ihm zum ersten Mal vor das Haus ging und ihn draußen von meinem Arm auf den Boden setzte, klemmte er den Schwanz ein, schnüffelte panisch und sah mich entsetzt an. Beim kleinsten Geräusch zuckte er zusammen.

Ich vermutete, dass dieses Tier immer eingesperrt gewesen war. Er hatte anscheinend kaum etwas anderes erlebt als die Bretterbude, aus der diese Frau ihn geholt hatte. Umso wichtiger war, dass ich mir sein Vertrauen verdiente. Häufige Körpernähe war unabdingbar, immer wieder streichelte ich ihn. Er ließ sich darauf ein und zeigte mir so: Wir gehören zusammen.

Dann wurde es richtig schlimm: Das Futter, das ich ihm geben sollte, behielt er nicht bei sich. Und obendrein bekam er noch eine Augenentzündung. Der Tierarzt verschrieb ihm etwas für seine Augen und schlug eine Futterumstellung vor.

Mir war das alles unheimlich, und ich bat den Arzt nachzuschauen, ob Clayd einen Chip hatte. Er hatte einen, aus Rumänien. Doch die Chipnummer stimmte nicht mit dem ebenfalls rumänischen Impfpass überein, den mir die Halterin gegeben hatte. Damit galt der Hund als ungeimpft und auch noch als illegal eingeführt. Das hieß: Entweder musste er in Quarantäne oder sofort alle notwendigen Untersuchungen und Impfungen hinter sich bringen. Das würde 250 Euro kosten.

Ich rief voller Wut die Nummer der Halterin an. Es nahm niemand ab. Beim nächsten Mal war der Anschluss tot.

Also kratzte ich mein Geld zusammen und borgte, was mir

fehlte. Clayds Augenprobleme kriegten wir recht schnell in den Griff. Aber seine Magenprobleme nicht. Er behielt kaum etwas bei sich. Er wuchs zwar, aber er wurde dürr wie ein Bettgestell.

Ich realisierte, dass ich einen todkranken Hund bekommen hatte. Ich war einer Händlermafia auf den Leim gegangen. Aber ich liebte das Tier, das sie mir für teures Geld angedreht hatte. Ich kämpfte um ihn, ich wollte ihn am Leben erhalten, ich werde ihn niemals aufgeben, schwor ich mir. Das war leichter gesagt als getan.

Dauerkrank und trotzdem froh

Kein noch so liebevoll angerichtetes Futter päppelte ihn auf. Es war zum Verzweifeln. Er kroch allmählich auf einen viel zu frühen Tod zu, mein Clayd. Bei irgendeinem meiner zahlreichen Arztbesuche flippte ich aus und brüllte herum, sie sollten meinem Hund endlich helfen, sonst würde ich aus ihrem Laden «'ne Kamellebud» machen (das meint op Kölsch: alles kurz und klein schlagen). Vielleicht würde eine Magenspiegelung Klarheit bringen, hieß es, aber die Praxis sei leider dafür nicht ausgestattet. Warum sie mir das nicht früher gesagt hatten? Ich hätte kotzen können. Ich bin wohl wirklich sehr laut gewesen, schmiss die Tür hinter mir zu und stürmte zum nächsten Tierarzt.

Auch der konnte nicht helfen. Ob ich ihn nicht einschläfern lassen wolle, fragte er mich wenig zartfühlend. Das war für mich keine Option. Es sei denn, der Arzt hätte gesagt: Der

Hund leidet unter einem kompletten Organversagen und ist nicht mehr zu retten. Das behauptete er nicht. Aber zu einer eindeutigen Diagnose war auch er nicht in der Lage. Weshalb also sollte ich Clayd das Leben nehmen? Wer war ich denn? Weil ich ein Mensch war? War ich Gott? Durfte ich das entscheiden? Hatte ich denn alles versucht?

Clayd zeigte mir in diesem ersten Jahr Tag für Tag, durch seine Blicke, seine Haltung: Ich will nicht sterben. Damit war für mich erst recht klar: Dieser Hund muss am Leben bleiben. Ich bin für ihn verantwortlich. Ich werde das hinkriegen.

Ich war damals sehr verzweifelt, Clayd wog zehn, elf Kilo, er hätte bei seiner Größe über zwanzig wiegen müssen. Zur Angst, er könne sterben, kam der Druck, kein Geld zu haben, um ihn vernünftig behandeln zu lassen.

In der Szene sprach sich herum, wie sehr ich an Clayd hing und wie groß meine Verzweiflung über seinen Gesundheitszustand war. Einige Leute kannten einen Tierarzt, Ralf Unna, der als absolute Koryphäe gehandelt wurde und auch noch so nett war, sich um die Tiere von Obdachlosen zu kümmern. Dafür bot er einmal im Monat spezielle Sprechstunden an, die Ratsuchenden mussten nur fünf Euro bezahlen. Eine Stiftung wickelte die restliche Finanzierung ab.

So kam ich zu Dr. Unna, wenige Tage bevor mir Clayd gestohlen wurde. Der Wunderheiler, dachte ich, der bringt es jetzt. Endlich wird uns geholfen. Ich stand vor ihm, heulend und stammelnd: mein Hund, mein Hund, mein Hund. Er untersuchte Clayd und fand seinen Zustand mehr als bedenklich. «Wir müssen alle diagnostischen Möglichkeiten einsetzen, um seinem Leiden auf die Spur zu kommen», erklärte er mir, «nicht nur eine Magenspiegelung, noch weitere Untersuchungen.» Aber ich müsse mit 600 Euro Kosten rechnen. Wie sollte ich das von meiner Erwerbslosenrente bezahlen?

Da erlebte ich, dass es in der Obdachlosenszene durchaus Solidarität gibt. Christina Bacher, die Chefredakteurin vom «Draussenseiter», schrieb Dr. Unna an und bat ihn, Clayd zu behandeln. «Wir sorgen dafür», versicherte sie, «dass das Geld zusammenkommt, wir stehen hinter ihr.»

Ich war damals erst kurze Zeit beim «Draussenseiter» und veröffentlichte dort meine Beiträge, auch über Clayd und seinen Gesundheitszustand und die großen Probleme, mit denen wir zu kämpfen hatten. Ich freute mich sehr, dass die Zeitung für mich bürgen wollte. Aber ich bin trotzdem schnorren gegangen, damit das Geld zusammenkam. Es reichte hinten und vorn nicht.

Dann kam die Lösung auf völlig unvermutetem Wege. Ich hatte meine Beiträge im «Draussenseiter» über Clayd auf Facebook gestellt. Das war eher einer Laune entsprungen. Umso überraschter war ich, als ich Rückmeldungen von Leserinnen und Lesern bekam, die helfen wollten. «Hast du ein Konto? Wir schicken dir gerne Geld!» Ich dachte, ich fall in Ohnmacht, als ich das las.

Und es kam wirklich genügend Geld zusammen. Ich war überglücklich und habe Clayd eine eigene Facebook-Seite eingerichtet, «Clayd, der Rumäne», hieß sie (und heißt sie noch heute), mit Storys, Fotos und geschrieben in Ich-Form, über seine Krankheiten, über seine Erlebnisse. «Alltägliches aus Hundesicht» lautete der Untertitel. Sie führte zu einem einigermaßen regelmäßigen Spendenzufluss, den ich gewissenhaft den Spendern gegenüber abrechnete, öffentlich, auf Clayds Facebook-Seite. Ich notierte exakt die Summen, die ich für Tierarztbesuche, Medikamente und andere Behandlungen bezahlen musste, und legte auf seiner Facebook-Seite Rechenschaft darüber ab, wie viel Geld eingegangen und ausgegeben war. Schließlich kam der Clou: Dr. Unna richtete ein Sonderkonto ein, auf das die Spender ihre Gelder direkt einzahlen konnten. Ich erhielt also für alle sichtbar keinen müden Cent von den Spenden, alles war für Clayd.

Der Tierarzt stellte nach einigen Untersuchungen fest: Clayd hat eine spastische Speiseröhre. Deshalb kann er kaum etwas bei sich behalten. Die Lösung war so genial wie schlicht: Clayd musste in einer möglichst aufrechten Position fressen, sein Kopf durfte nicht nach unten hängen. Ich stellte auf Anraten des Arztes seinen Futternapf auf die Treppe, und zwar eine Stufe höher als die, auf der er hockte.

Doch auch diese Hoffnung, nun werde endlich alles gut, zerplatzte. Die nächsten Pülverchen, die nächste Blutabnahme, bis klar war: Clayd hatte nicht nur eine spastische Speiseröhre, er hatte auch einen verätzten Magen, der nie wieder in Ordnung kommen würde. Der Grund dafür war: Die Hundemafia hatte ihn wohl kurz nach seiner Geburt in Rumänien nicht für verkaufbar gehalten und versucht, ihn zu töten, indem sie ihm den Magen verätzte. Aber er überlebte und wurde dann doch nach Deutschland geschafft.

Dr. Unna entwickelte mit mir einen Behandlungsplan, und wir fanden geeignetes Futter heraus. Teures Futter, viel frisches Fleisch, alles selbst angerichtet, besonderes Gemüse und so weiter und so fort. Ich gab für das Futter von Clayd mehr Geld aus als für mein eigenes Essen. Hätte ich die Spenden nicht bekommen, wäre Clayd längst tot. Und wäre Ralf Unna nicht, hätte Clayd sein schweres Schicksal nicht überlebt.

Dennoch ist aus ihm kein gesunder Hund geworden. Ich muss sein Futter ständig anpassen, er hat im Laufe seiner Jahre noch viele Leiden dazubekommen. Er braucht Physio und nimmt Krebsmedikamente, die auch Menschen bekommen. Er erhält etwas gegen seine Schilddrüsenerkrankung und Medikamente gegen seine Magenerkrankung.

Ich habe mich mit seinen Krankheiten abgefunden und freue mich immer wieder, dass er die ihm von den Experten zugestandene Lebensspanne von höchstens einem Jahr schon lange überschritten hat. Ja, er ist krank, aber wir sind nun schon seit zwölf Jahren zusammen und schenken uns viel Zufriedenheit. Mehr noch: Wir bewahren uns gegenseitig vor Schlimmerem! Er bewahrt mich vor der Psychiatrie – ich bewahre ihn vor dem zu frühen Tod. Wenn das kein guter Pakt ist.

Okay, ich kaufe mir keine Klamotten, ich gehe nicht aus, nicht ins Kino, nicht zum Friseur, ich leiste mir nichts. Aber mit einer solchen Haltung bin ich ja auch aufgewachsen, meine Oma lebte genauso bescheiden.

Lange hatte ich das Glück, das nötige Geld für Clayd durch meine Spendenaktionen zusammenzubekommen. Aber das klappt heute kaum noch. Die Menschen, die früher gespendet haben, halten ihr Geld fest. Selbst meine Spendenaufrufe für HiK bringen nicht mehr den Erfolg wie noch vor ein paar Jahren. Wie schlimm ist diese Entwicklung erst für arme oder obdachlose Hundebesitzer, die keine Spender im Rücken haben? Ich kenne Menschen, die ihren Hund deshalb weggeben mussten und zusammengebrochen sind, weil das Tier ihnen Halt und Sicherheit gegeben hat. Selbst wenn es diesen Menschen gelingen sollte, Spenden einzuwerben, wäre das Sozialamt zur Stelle und würde ihnen die Hilfszahlungen um diese Spendengelder kürzen. Denn Spenden gelten als Einkommen, und Einkommen wird auf das Bürgergeld angerechnet. Auch wenn es zweckgebunden ist, z. B. für einen Hund. Bei mir schlägt nur deshalb das Sozialamt nicht zu, weil die Spenden für Clayd direkt auf das Arztkonto gehen oder zum Verein. Aber wer von den armen Leuten hat so etwas schon?

Die Ungerechtigkeit, die dich aus der Armut anspringt, gilt also auch hier. Es ist zum Verzweifeln.

Ich hatte Zeiten, in denen der Stress und der Kummer um Clayd, dieses Rauf und Runter mit einem kranken Tier, zu groß war – dazu die finanziellen Sorgen –, sodass ich dachte, ich werd irre, ich schmeiß alles hin. Ich geh auf die Straße zurück, da brauch ich keine Miete zu zahlen, keinen Strom, ich habe mehr für meinen Hund. Wer mich in der Spur hielt, war unser Tierarzt. Er machte mir ein ums andere Mal klar, Clayd überlebt die Straße nicht. Obdachlosigkeit ist nichts für ihn. Er braucht seine Ruhe, sein Körbchen. Dr. Unna hat mir angesehen, dass ich zurück auf die Straße wollte. Und schärfte mir ein, ich darf meine Wohnung nicht aufgeben.

Also halte ich durch. Und sauge in vollen Zügen das Schöne unseres Lebens ein, das wir ja auch haben. Wenn der Tag kommt, an dem das Leben für Clayd nur noch Schinderei ist, hoffe ich, dass ich nicht egoistisch bin, dass ich loslassen kann und ihn nicht quäle, aus Angst, ohne ihn nicht sein zu können.

Aber jetzt genieße ich trotz allem unsere gemeinsame Zeit. Besonders zu Hause. Ich sitze mit einer Tasse Kaffee auf dem Balkon und schaue Clayd zu, wie er neben mir liegt und träumt. Ich kraule ihn, ich gucke in die Bäume, ich höre die Vögel singen, höre die grünen Papageien krächzen. Ein Eichhörnchen springt auf die Balkonbrüstung. Clayd schläft weiter.

Ich möchte so gern noch mal mit Clayd ans Meer. Einmal waren wir da, an der Nordsee. Er hat so begeistert im Sand gebuddelt! Aus dem Fenster unserer Unterkunft konnten wir die großen Dampfer durchs Wasser pflügen sehen, direkt an uns vorbei. Das war wunderbar! Dahin würde ich so gern noch einmal. Leider bräuchte ich heute jemanden, der uns mit dem Auto hinfährt, mit dem Zug schaffe ich es nicht mehr. Dann merke ich, was für Pläne ich da unsinnigerweise träume. Ich könnte ja nicht einmal die Übernachtung bezahlen. Geschweige denn einen Fahrer.

Armut ist ungerecht. Eine Plage. Eine Fessel.

Mit dem Tod von Clayd will ich mich nicht wirklich befassen. Der Gedanke ist mir unerträglich: allein die Vorstellung, er liegt abends nicht da. Oder morgens. Ich kann mich mit meinem eigenen Tod auseinandersetzen. Aber nicht mit seinem.

Ich werde dann entweder lange Zeit alleine sein, werde sehr, sehr lange trauern, und Clayd wird mein letzter Hund gewesen sein. Oder er wird mir einen neuen schicken, der Clayd. Wenn das passiert, weiß ich, da war seine schwarze Schnauze im Spiel.

V. Unterwerfung

Ich habe meine zwei gewalttätigen Ehen schon ein paarmal erwähnt. Sie haben auf ganz andere Weise Spuren in mir hinterlassen, als es meine Oma getan hat. Meine Obdachlosigkeit hat eine ganze Menge mit meinen gewalttätigen Männern zu tun. Und auch meine Bemühungen, Frauen beizustehen, die auf der Straße gelandet sind, haben mit diesen Gewalterfahrungen zu tun. Ich war mehr als nur hineingezwungen in die männliche Gewalt, ich habe sie fast nicht überlebt. Ich habe mich unter großen Opfern daraus befreit. Und ermutige alle Frauen, männliche Gewalt nicht hinzunehmen.

Es gibt Männer, die gehen davon aus, dass sie prinzipiell recht haben. Egal, was sie einer Frau vorschlagen. Oder was sie mit ihr machen beziehungsweise nicht mit ihr machen. Sie denken gar nicht darüber nach. Sie sind einfach diejenigen, die bestimmen. Ja, sogar bestimmen müssen. Es ist quasi ihr natürliches Recht. Das die Frau nicht hat. Das Machen ist den Männern in die Wiege gelegt. Oder sie haben es als männliche Kinder, Jugendliche und Erwachsene so eingetrichtert bekommen. Sie denken gar nicht darüber nach. Sie denken schon gar nicht in Maßstäben wie «gerecht» oder «ungerecht». Männer, die ihre Mütter vermutlich lieben oder sogar verehren. Die ihre eigenen Frauen allerdings nicht auf diese Weise verehren oder auch nur ehren. Sondern sie unterwerfen. Manche etwas sanfter, manche etwas weniger sanft, manche brutal oder sehr brutal.

Es gibt Frauen, die das akzeptieren. Vielleicht anders handeln, als es der Mann von ihnen verlangt. Meist heimlich. Denn wenn sie es offen tun, kann das schmerzen. Also verzichten sie darauf.

Ich habe das genauso gemacht. Wie viele Frauen aus meinem Bekanntenkreis. Wir haben nicht mit unseren Männern diskutiert, auch nicht untereinander. Wir haben nicht rebelliert. Wir haben nicht einmal «Warum?» gefragt. «Warum ist das so? Warum tust du das? Warum lasse ich das mit mir machen?» So ein Warum kannten wir nicht. Wir kannten und lebten, was anscheinend immer so war und immer so bleiben würde: unsere Unterwerfung. Sollte etwas anderes existieren, dann jenseits unserer Wahrnehmung. Für uns war Frauenbewegung oder gar Feminismus eine Kartoffelsorte vom Mars. Die mit uns und unserer seelischen Ernährung nichts zu tun hatte.

Durch wie viel Missachtung und Prügel bin ich gegangen, bis ich «Warum?» gefragt habe. Durch wie viel Missachtung und Prügel gehen meine Freundinnen, Bekannten und so viele mir unbekannte Frauen noch heute, ohne nach dem Warum zu fragen.

Wenn ich von meinem Leiden unter meinen Männern erzähle, dann deshalb, weil ich darauf hoffe, dass sich dadurch vielleicht die eine oder andere Frau ermutigt fühlt, ebenfalls nach dem Warum zu fragen: «Warum tut er mir das an? Warum nehme ich das hin?», und allein oder gemeinsam eine andere Antwort für ihre Zukunft zu finden als bisher. Einen anderen Lebensweg einzuschlagen als den Trampelpfad, auf dem sie zur Schnecke gemacht und zertreten wurden.

Für mich mündete dieser Trampelpfad der Unterwerfung in der Obdachlosigkeit. Was darauf folgte, wünsche ich keiner Frau. Ich musste einen gewaltigen Umweg durch Dornengestrüpp und Steinwüsten machen, durch kalte Einöden, Hagel und Sturm, bis ich zu der Entscheidung gelangte: Nie wieder lasse ich mich von einem Mann entwerten und entwürdigen.

Ich zögere trotzdem, mich als Feministin zu bezeichnen. Ich fürchte, dafür müsste ich mehr gelesen haben. Aber vielleicht bin ich eine Feministin der Tat, so wie ich – was das Thema Obdachlosigkeit angeht – eine «Expertin aus Erfahrung» bin. So nenne ich mich oft, wenn ich nach meiner Meinung zur Obdachlosigkeit gefragt werde.

Ich habe mich herausgekämpft aus beidem. Ich habe mich zweimal befreit: aus der Unterwerfung durch Männer und aus der Unterwerfung durch Obdachlosigkeit. Arm bin ich trotzdem geblieben, aber das zu ändern, lag und liegt außerhalb meiner Möglichkeiten.

Meine junge Lebenslust …

Ich hatte zwar keine Geschwister, keinen Vater und keine Mutter an meiner Seite und auch meine Oma viel zu kurz, aber dennoch wurde ich mit den Jahren ein lebenslustiges junges Ding. Ich sah gut aus, bestätigten mir jedenfalls meine Bekannten, ob weiblich oder männlich. Belegen kann ich das leider nicht. Alle Fotos meiner Jugend und auch die aus späterer Zeit sind verloren gegangen, als man mich 2006 im Alter von 43 Jahren aus meiner Wohnung warf. Ich besitze kein einziges Foto von mir, das vor meiner Zwangsräumung entstanden ist.

Aber ich weiß, dass ich gern getanzt habe, gern ausgegangen bin, gern geflirtet und auch schöne anschließende Erfahrungen gesammelt habe.

Mit zwanzig verlobte ich mich. Damals machte man das noch, jedenfalls in unseren Kreisen. 1983 fand dieses für mich wichtige Ereignis statt. Im selben Jahr, ich habe es bei Wikipedia nachgeschaut, schwang sich die CDU zu alter Größe auf und kassierte fast die Hälfte der Wahlstimmen, die Grünen kamen zum ersten Mal in den Bundestag und sorgten in Turnschuhen für Entrüstung. Aids wurde langsam zum Thema, die Angst ging um, wer wohl davon betroffen sein könnte. Ich nicht, mit Schwulen hatte ich ja nichts zu tun. Mit den Grünen hatte ich auch nichts zu tun, sowieso nichts mit Politik. Auch die Riesendemonstrationen gegen die Nachrüstung gingen an mir vorbei. Ich hatte Harald, das reichte. Jedenfalls vorübergehend.

Er war gut zu mir, das war für mich wie eine Offenbarung.

Das Leben konnte plötzlich so anders sein. Es ging großzügig mit mir um, verschwenderisch sogar. Wenn ich mit Harald einen Schaufensterbummel machte, und ich interessierte mich für irgendetwas, eine Bluse, eine Mütze, eine Kaffeekanne, lag am nächsten Tag mein Wunschtraum auf dem Tisch. Ich war begeistert. Als das allerdings zur Regel wurde, bekam ich Probleme: Das stand mir doch gar nicht zu! Womit hatte ich das verdient? So viel Wunscherfüllung schien mir übertrieben und unangemessen. Ich war doch keine Prinzessin! Die war mit meiner Kindheit entschwunden.

Es passte zu meinem Verlobten, dass er so maßlos meine Wünsche erfüllte. Er ging auch mit sich selbst maßlos um, krankhaft maßlos. Am Ende ist er an dieser Maßlosigkeit gestorben. Das ist nicht bildlich gemeint, sondern ganz real. Harald fraß sich zu Tode, mit gerade mal dreißig Jahren. Und ich konnte nichts dagegen tun, ich begriff nicht einmal, was ihn dazu trieb.

Er konnte keinen Essensrest stehen lassen, auch nichts von dem, was er im Restaurant bestellt hatte. Wenn wir zu viert oder zu sechst aus waren, und jemand ließ etwas auf seinem Teller übrig, zog er ihn zu sich heran und aß alles auf. Er wurde immer dicker, immer überbordender, immer gewaltiger. Ich mühte mich ab, ihm gesundes Essen zu kochen. Ich testete Vollwertkost, kaufte eine Getreidemühle und stellte Obst und Rohkost auf den Tisch – es half nichts. Ich konnte seine Gier nicht stoppen.

Seine Eltern mochten mich nicht, erst recht nicht, als er zu mir gezogen war, in die Wohnung meiner Oma, die ich nach ihrem Tod übernommen hatte. Seine Familie wohnte gleich um die Ecke. Dort standen die Einfamilienhäuser, da wohnten die besseren Leute. Ich war der Krat aus der Schildwache, Krat, was auf Kölsch so etwas wie Assi bedeutet, asozial. Ich war ihres Sohnes nicht würdig, das ließen sie mich deutlich spüren. Sie selbst waren ohne Fehl und Tadel, bei ihnen war alles in Ordnung, im Keller stand die Wäschemangel, und damit wurde alles glatt gezogen, was eine Falte hatte. Außerdem war Harald Monteur bei Ford und damit unbestreitbar etwas Besseres als eine Fleischereifachverkäuferin.

Der Dünkel seiner Eltern, die sowohl ihren Sohn Harald früh verloren haben als auch dessen jüngeren Bruder, der am goldenen Schuss starb, verstörte mich. Ich war Arroganz durchaus gewohnt. Dass Leute, die nicht in unserer Straße wohnten, auf uns herabsahen, hatte ich zur Genüge erlebt. Aber wenn mich doch ihr Sohn mochte, färbte das nicht ein wenig ab? Die Gründe, die Haralds Eltern nicht aus ihrem Hochmut entließen und die vielleicht dieselben waren, die die Familie von innen zerfraßen, blieben mir verborgen.

Als Harald starb, hatte ich mich schon längst von ihm getrennt. Ich war mit meiner Karnevalswette zusammen.

… schlägt um

Ich war mit ein paar Freundinnen feiern. Der echte Karneval in Köln findet in den Kneipen statt. Die Stimmung war prächtig, wir schunkelten, wir tanzten, wir tranken, und der Raum dampfte vor Lebenslust unter unserer Schminke, unter den Perücken, den Hüten und den bunten Klamotten.

Uns fiel ein junger Typ auf, der gerade hereingekommen war und schüchtern an der Tür stehen blieb. Er beobachtete das Treiben, traute sich aber offensichtlich nicht einmal bis an die Theke, um ein Kölsch zu bestellen. «Der ist mir!», strunzte ich. «Den nehm ich heute mit!» Meine Freundinnen protestierten: «Immer langsam, das ist noch nicht entschieden, wir werden sehen.»

Wir tanzten mittlerweile auch auf den Tischen. Er hielt sich immer noch mit staunenden großen Augen im Hintergrund. «Wollen wir wetten?», fragte ich meine Mädels. Und wir schlossen wirklich eine Wette ab, wer ihn abschleppen würde.

Ich gewann. Leider, muss ich sagen. Natürlich war ich erst einmal froh und stolz und glücklich, denn wir verbrachten die Nacht bei uns, und das war schon okay. Nur wurde ich in dieser Nacht schwanger. Und das setzte einen Automatismus in Gang, den ich nicht zu unterbrechen in der Lage war. Damit meine ich nicht nur die Schwangerschaft selbst. Über eine Abtreibung überhaupt nur nachzudenken, wäre mir nicht in den Sinn gekommen. Obwohl ich gar nicht katholisch erzogen worden war, lag eine solche Aktion außerhalb meiner Vorstellungswelt. Auch auf dem Mars sozusagen.

Mein Verständnis war: Wenn eine Frau schwanger wird, trägt sie das Kind aus. So will es die Welt, so will es das Leben, so will es das Schicksal. Und ich mochte Kinder, wollte irgendwann auch eigene und war immerhin schon 26 Jahre alt. Bald wäre es zu spät dafür, glaubte ich.

Aus dem ersten Schritt, über eine Abtreibung gar nicht erst nachzudenken und mir auch die Frage nicht zu stellen, ob mir denn dieser zufällige Karnevalsflirt den richtigen Vater meines Kindes und den richtigen Mann bringen würde, folgte der zweite: Ich würde heiraten. Natürlich. Ich würde mich festlegen. Mein Kind sollte, anders als ich, anders als meine Mutter, anders als meine Oma, einen Vater haben.

Leider hatte ich damals niemanden, der mir widersprach. Der mir sagte: «Nicht so voreilig!» Und ich selbst dachte halt so, wie ich dachte.

Allerdings hörte ich auch von keiner Beratungsstelle, an die ich mich hätte wenden können. Die waren damals noch sehr rar gesät, wenn sie überhaupt schon existierten. Das ist heute glücklicherweise anders, z. B. gibt es in Köln den «Wendepunkt», mit dem ich zusammenarbeite, wenn ich Frauen in einer ähnlichen Situation begleite, in der ich mich damals befand.

1976 war das Abtreibungsrecht ein kleines Stückchen liberalisiert worden. Da war ich 13 Jahre alt und hatte keine Ahnung von so etwas. Aber ich bekam auch in den Folgejahren nichts von den Protesten der Frauenbewegung mit, die die Freigabe der Abtreibung verlangte und nicht zufrieden war mit dem Spießrutenlauf, den der reformierte Paragraf 218 vorsah. Eine «soziale» Indikation erlaubte eine straffreie Abtreibung, wenn die schwangere Frau sich «in einer Notlage befindet, die so schwer wiegt, dass die Fortsetzung der Schwangerschaft nicht von ihr verlangt werden kann». Das musste amtlich geprüft und besiegelt werden. Wie gesagt, das ging völlig an mir vorbei, Feminismus war auf dem Mars, auf der Erde galt die weibliche Pflicht, Kinder zu kriegen und den Vater zu ehelichen.

Vielleicht war ich auch deshalb so festgelegt, weil ich arm war. Ich habe mir nicht zugetraut, allein ein Kind großzuziehen. Hatte ich doch erlebt, wie schwer das für meine Oma gewesen ist und wie wir die ganzen Jahre feststeckten in unserem armen Leben. Das wollte ich nicht weiterführen. Alleinerziehend sein hieß arm bleiben. Einen Mann haben hieß: Das kann anders werden.

Es wurde anders. Mein frischgebackener Ehegatte verprügelte mich bereits in der Hochzeitsnacht. Irgendetwas hatte ihm während unserer Feier nicht gepasst. Es war so unbedeutend, dass ich den Anlass vergessen habe. Vielleicht auch weil ich rasch begriff, dass es gar nicht um einen konkreten Anlass ging. Die Anlässe kamen und gingen. Was blieb, war seine Entscheidung, mir mit Gewalt seinen Willen in den Leib zu prügeln. Und wenn er nicht wusste, was er wollte, prügelte er mich erst recht.

So kam der Automatismus richtig in Fahrt: von der Schwangerschaft zur Heirat, von der Heirat zur Anpassung, von der Anpassung zu den Prügeln, von den Prügeln zur Unterwerfung.

Ich wurde zu einer der vielen geschädigten Frauen, die dachten, das muss so sein, ich bin selbst schuld. Wir stecken in einer Falle, in der wir uns mit jedem Schlag die Frage stellen: Was habe ich falsch gemacht? Und nicht etwa die Frage: Was treibt dieser Irre da eigentlich?

Heute weiß ich mehr. Heute weiß ich, dass diese Männer vom Gesetz und von der allgemeinen Stimmung im Land geschützt wurden. Wir waren gar nicht so von gestern, wir waren auf der Höhe der Zeit, wir geschlagenen Frauen. Erst am 1. Juli 1997 wurde die Vergewaltigung in der Ehe als Straftat ins Gesetz aufgenommen. Bis dahin war so was ganz okay, der Mann übte sein gutes Recht aus, er sollte nur nicht übertreiben. Und erst fünf Jahre später, am 1. Januar 2002, trat das Gewaltschutzgesetz in Kraft und schaffte eine gesetzliche Grundlage für die Ächtung von Gewalt in der Partnerschaft. Ich wurde Anfang der Neunzigerjahre verprügelt. Da galt das als Kavaliersdelikt. Alltag.

Für ihn waren die Zeiten sehr bequem. Nicht nur weil er straflos prügeln konnte. Ich war eine hübsche junge Frau. Ich habe seinen Wunsch nach einem Kind erfüllt. Ich habe das Geld nach Hause gebracht. Er ist nicht arbeiten gegangen. Gründe genug dafür, dass er mich immer wieder zurückwollte. Er lebte in einer Wohnung, die ich bezahlte, bekam zu essen und zu trinken, das ich bezahlte. Er stammte aus armen Verhältnissen und ist nur mit einem Koffer bei mir eingezogen. Ich war die Macherin, ihm ist es bei mir gut gegangen.

Aus meinem Umfeld hörte ich nur, wenn ich mich über ihn beklagte: Er ist doch der Vater deines Kindes! Du bist verpflichtet! Du hast bestimmt irgendeinen Fehler gemacht, vielleicht war das Essen nicht gut. Der Haushalt nicht gut. Ich habe solche Sprüche nicht empört schlucken müssen, ich habe selbst so gedacht.

Statt nach dem Warum zu fragen, habe ich noch mehr geleistet. Und so viel gearbeitet, dass ich Geld beiseitelegen konnte, um ihm eine Firma aufzubauen. Ich habe ihm ein Auto und das Material gekauft, damit er als Pflasterer loslegen konnte, ein Job, von dem er etwas verstand. Ich habe ihm sogar bei einer großen Baufirma ein Geschäftskundenkonto eingerichtet, als Subunternehmer. Er hätte nur zum Telefonhörer greifen, Aufträge akquirieren und anfangen müssen. Aber er tat es nicht. Er ruhte sich lieber weiter auf meiner Maloche aus und legte die Füße hoch. Dass ich das ertragen habe! Mein Mann war älter als ich – aber er führte sich wie ein Kind auf, und ich machte sein Kindermädchen, anstatt ihn rauszuschmeißen.

Seinen Unwillen, sein Versagen und seine Faulheit verdeckte er mit Schlägen. Die machten ihn mächtig. Mich trieb das in eine schier ausweglose Situation. Denn tiefer als meine Angst vor seinen Schlägen steckte meine Angst vor dem Versagen als Ehefrau. Das offensichtlich geworden wäre, hätte ich mich getrennt. Drei Jahre dauerte dieses Martyrium. Dann reichte ich die Scheidung ein.

Ich hatte so lange gewartet, weil ich an die schlechten Regeln der Ehe glaubte. Aber immerhin wusste ich mich ja eins mit dem allgemeinen Gefühl und mit dem Gesetz.

Und das hielt damals nicht nur mangelnden Schutz vor der männlichen Gewalt bereit, sondern auch noch weitere Zumutungen für geschlagene Ehefrauen. Es zwang uns nämlich, dazubleiben und die Schläge weiter auszuhalten. Ein sogenanntes Trennungsjahr hatte ich zu durchleiden, in der gemeinsamen Wohnung, wenn für zwei Wohnungen das Geld nicht reichte. Damit sollte den Eheleuten ein letztes Mal die Chance gegeben werden, ihre Partnerschaft zu retten. Was für eine Frechheit, was für eine Missachtung, wenn der Mann die Frau ständig schlug! Diese Gewalt galt nicht einmal als ausreichender Grund, dem Trennungsjahr zu entgehen.

Unsere Familie lebte auf fünfunddreißig Quadratmetern, ein Wohnzimmer, ein Schlafzimmer, Dusche, Küche und Flur. Mein Mann bekam während des Trennungsjahres vom Gericht das Wohnzimmer zur Eigennutzung zugesprochen. Wie gesagt: trotz nachgewiesener Gewalt, trotz entsprechender Stellungnahme des Jugendamtes. Ich erhielt mit meinem Kind das Schlafzimmer als eigenen Raum. Abends bin ich mit einem langen Messer ins Bett gegangen und hab meinem Mann gesagt: «Wenn du es wagst, die Schiebetür aufzumachen, steche ich zu.»

So lief das fast bis zum Ende des gerichtlich verordneten Jahres. Aber eines Tages standen Polizeibeamte vor unserer Wohnungstür, Nachbarn hatten sie alarmiert. Ich und mein dreijähriges Kind mussten sofort mitkommen. Mein Mann hatte es übertrieben, er hatte randaliert, geschrien, mich in der Küche oder auf dem Flur angegriffen, die Nachbarn konnten nicht mehr schlafen. Mein Glück, dass sie sich gerührt haben. Denn oft genug verschließen die Leute Augen und Ohren und mischen sich nicht ein, wenn Frauen oder Kinder in der Nachbarschaft gequält werden. Ich kann dazu nur ermutigen. Einmischen kann Leben retten.

In den Jahren vor der Gerichtsentscheidung, die mir das Trennungsjahr aufzwang, war ich bereits einige Male ins Frauenhaus geflohen, aber immer wieder zu meinem Mann zurückgekehrt. Er schwor jedes Mal Stein und Bein, er werde sich ändern, er liebe mich doch und unser Kind liebe er auch, er werde in Therapie gehen. Und so weiter. Und so fort. Gut spielte er auf der Klaviatur des reuigen Ehemannes. Noch besser war und blieb er als Schläger.

Die Betreuerinnen im Frauenhaus kannten mich und stöhnten, wenn ich wieder nach Hause zog. Und dann doch ein nächstes Mal wiederkam.

Dass ausgerechnet die Staatsgewalt mich aus dem Horror erlöste, entbehrte nicht der Komik. Das sollte ich noch merken.

Frauenhaus und immer weiter

Die Betreuerinnen begrüßten uns wie alte Bekannte. Die Leiterin nahm mich diesmal allerdings schon nach ein paar Stunden zur Seite und machte mir klar, dass das Jugendamt aktiv werden würde, sollte ich erneut zurück zu meinem Mann gehen. Mein Kind würde ins Heim kommen, erklärte sie mir, die Gewaltausbrüche seines Vaters seien dem Kind nicht mehr zuzumuten. Wenn ich zu ihm zurückgehen würde, dann ohne mein Kind.

Das gab mir den Rest, denn ich war mit meinen Nerven sowieso völlig am Ende. Als uns nämlich die Polizei aus der Wohnung holte, musste alles hopphopp gehen. Wir packten deshalb nicht nur viel zu wenig Klamotten ein, sondern vergaßen in der Hektik das Kuscheltier meines Kindes: der Super-GAU. Umkehren ging aber nicht. Ich wollte auch niemandem zumuten, das Kuscheltier und vielleicht noch andere Sachen aus der Wohnung zu holen. Ich hatte Sorge, mein Mann würde völlig ausflippen. Die erste Nacht im Frauenhaus war deshalb fürchterlich, stundenlang Tränen und wieder Tränen, nur unterbrochen von Momenten erschöpften Schlafes. Als der Morgen dämmerte, lagen wir beide wie gerädert in unserem fremden Bett.

Keinen eigenen Raum zu haben, keine Küche, keine Toilette, kein Kinderzimmer, keine Spielsachen, keinen eigenen Kaffee, nichts von alldem: Das war schon fast wie obdachlos sein. Frauenhäuser sind absolut notwendig, keine Frage. Aber der Platz, den es uns bot, war sehr dürftig. Eine Schlafecke, mehr gab es damals für uns nicht. Viel besser ist es auch heute nicht. Kaum jemand leugnet die Gewalt an Frauen. Es machen sogar neue Begriffe die Runde, wir sprechen von Femizid, wir wissen, dass pro Jahr mindestens hundert Frauen von ihrem Partner ermordet werden. Die Notwendigkeit, Frauen eine Heimat zu bieten, die vor der Gewalt ihrer Männer fliehen, ist unumstrittener denn je. Aber die Ausstattung der Frauenhäuser mit Geld und Personal ist kümmerlich geblieben. Einer der vielen Skandale in unserer reichen Gesellschaft.

Für uns beide kam zum Leid der beengten und fremden Umgebung noch hinzu, dass wir unseren Hund Bonny zurücklassen mussten. Haustiere waren in solchen Einrichtungen verboten, in den meisten ist das bis heute so. Bonny hatte uns oft getröstet, er war unsere wärmende Hilfe, wenn es uns schlecht ging. Das Streicheln, das Kuscheln mit ihm, das Vertrauen auf seine tröstende Anwesenheit: alles weg, alles unerreichbar, alles gestrichen, und das sicherlich für lange Zeit, vielleicht für immer.

So viel Ausweglosigkeit hatte ich als erwachsene Frau noch nicht erlebt. Dazu die Verantwortung meinem Kind gegenüber. Ich konnte nicht einfach aufbrechen, irgendwohin, und für mich sorgen. Ich musste für uns beide denken und entscheiden.

Das sagt sich so einfach. Und ist doch so schwer. Denn die psychische Situation im Frauenhaus ist alles andere als beglückend, nicht einmal stabilisierend. Die Perspektiven der meisten Frauen, mit denen ich hier zusammenlebte, waren düster. Sie waren nicht nur aus der eigenen Wohnung geflohen und hatten dort alles zurücklassen müssen, sie hatten auch kein Geld, um sich eine neue Wohnung zu mieten, sie waren zudem herausgerissen aus ihrem sozialen Umfeld, und ihre Rückkehr dorthin war erst einmal versperrt. Die Verzweiflung, in diesem Niemandsland nicht ankern zu können – dafür ist ein Frauenhaus als vorübergehende Bleibe nicht ausgelegt –, aber auch nirgendwo einen anderen Ankerplatz zu sehen, stand allen ins Gesicht geschrieben. Die Angst vor der Zukunft war mit Händen zu greifen. Das Selbstvertrauen vieler Frauen, das Leben allein bewältigen zu müssen, war in den langen gewalttätigen und entwürdigenden Jahren ihrer Beziehung auf so gut wie nichts zusammengeschrumpft, und eine psychologische Beratung, die die Frauen gestärkt, wieder aufgebaut und ermutigt hätte, wurde nicht angeboten. Auch das ist heute nur wenig besser geworden, es mangelt an der Bereitschaft der Kommunen und Länder, die Frauenhäuser besser auszustatten.

Mich wundert nicht, dass viele Frauen schließlich doch wieder zurückkehren zu ihren gewalttätigen Männern. Dort wissen sie wenigstens, wo ihr Zuhause ist. Und mit Prügeln kennen sie sich aus. Ich selbst bin ja mehrfach zurückgekehrt, weil ich keine Alternative gesehen habe und mir niemand geholfen hat, einen Ausweg aus diesem Kreislauf zu finden.

Die Drohung, mein Kind würde ins Heim gegeben werden, festigte immerhin meine Entscheidung, mich dieses Mal wirklich von meinem Mann zu trennen. Aber ich musste das alles selbst und allein erledigen: unser Leben neu aufbauen, meines und das meines Kindes.

Zuerst musste ich im Frauenhaus meinen Alltag regeln. Ich konnte nicht zur Arbeit gehen, mein Mann hätte mir aufgelauert und mich wahrscheinlich kaputtgeschlagen. Er hatte schon in der Vergangenheit versucht, mich vor dem Frauenhaus abzupassen, und nur die geballte Kraft der Frauen, von denen einige vor ihren Zuhältern hierhergeflohen waren, hinderte ihn daran. Sie kamen gemeinsam aus dem Haus und bauten sich dort auf – und er zog den Schwanz ein und schlich knurrend von dannen.

Als Erstes musste ich zum Sozialamt und für mich und mein Kind einen Antrag auf Sozialhilfe stellen. Jede kleinste Unterstützung, die über den Sozialhilfesatz hinausging, musste ich erbitten und erbetteln. Die Schikanen begannen damit, dass das Amt von mir verlangte, ich müsse zuerst einen Antrag auf Unterhalt an meinen Mann stellen. Wenn der erfolglos wäre, könnten sie mir gegebenenfalls unter die Arme greifen.

Nun ist ein Frauenhaus kein Fünfsternehotel mit Rundumversorgung und nachträglicher Bezahlung der Annehmlichkeiten per Kreditkarte. Ich musste mich selbst versorgen, hatte aber keinen Pfennig in der Tasche, also auch nichts zu essen. Und für mein Kind hatte ich auch nichts. Auf dem Girokonto herrschte Leere, ein Sparkonto besaß ich nicht. Wie sollte das also gehen mit dem Antrag gegen meinen Mann?

Dem er sicherlich widersprechen würde! Den durchzusetzen es wahrscheinlich Monate brauchte! Was sollte in der Zwischenzeit aus uns werden? Sollten wir verhungern?

Der Mann auf dem Sozialamt zuckte die Schultern. So seien die Bestimmungen. Zuerst müsse geprüft werden, ob der Unterhaltspflichtige bezahlen könne. Und das wäre ja wohl mein Ehemann. Ich stand auf, schnappte mir mein Kind und stampfte wütend zurück zum Frauenhaus. Mit nichts in der Hand und nichts in der Tasche, noch nicht einmal Lebensmittelgutscheinen.

Da war sie, die dunkle Seite der Staatsgewalt, die mich doch gerade dankenswerterweise aus der ehelichen Gewalt befreit hatte.

Die Frauen im Frauenhaus machten mir Mut, nicht klein beizugeben. Als jemand in akuter Notlage hätte ich ein Recht auf Unterstützung und solle es auf dem Sozialamt durchsetzen. Also habe ich mein Kind wieder eingepackt und bin zurück zu diesem Sachbearbeiter. Ja, Sachbearbeiter werden die Leute genannt, und mir wurde in dieser und vielen anderen Auseinandersetzungen, die ich dort zu bestehen hatte, klar: Es geht auf dem Amt und im Amtsverständnis um «Sachen», nicht etwa um Menschen, um mich zum Beispiel oder mein Kind. Verdienstvolle Ausnahmen gibt es, keine Frage, ich kenne sie und achte sie.

Normalerweise brauchte man auf dem Sozialamt einen Termin. Ohne wurde man gar nicht vorgelassen zu den «Sach»-bearbeitern. Ich schlug allerdings schon draußen auf dem Flur genügend Krach, um ein zweites Mal an diesem

Tag – und nun ohne Termin – eingelassen zu werden. Als der «Sach»-bearbeiter die Tür öffnete, um seinen gerade abgearbeiteten «Sachvorgang» herauszulassen, habe ich mich ohne Worte an ihm vorbeigedrängt, Akten und Papiere, die auf seinem Schreibtisch lagen, beiseitegeschoben und mein Kind dem verdutzten Herrn vor die Nase gesetzt.

Ich gestehe, ich war in meiner Wortwahl nicht zurückhaltend. Ich habe den armen Mann, der sichtlich erschüttert war, weil er mein Kind nicht einfach wegwischen oder ins Regal legen konnte wie eine beliebige Akte, sogar beleidigt: «Pissnelke» habe ich ihn genannt, ich weiß es noch wie heute. «Du Pissnelke», sagte ich, «ich lass das Kind jetzt hier bei dir sitzen, sieh zu, wie du klarkommst. Ich hab nicht mal Pampers! Entweder du unternimmst jetzt was, oder ich bin aus der Tür.» Nach der Ansage sperrte er nur den Mund auf, stumm wie ein Fisch, ich erhob mich, mein Kind fing zu brüllen an, ich ging zur Tür.

Ich mache das heute anders, wenn ich mit obdachlosen Frauen zum Amt muss. Ich kenne mich besser aus, ich weiß genau, welche Rechte wir haben, welchen Spielraum ein Sachbearbeiter hat und dass ich mich bei seinem Vorgesetzten beschweren kann, wenn er uns rüde abblockt oder uns zustehende Hilfen verweigert. Ich habe sogar Kontakte zur Presse, wenn es ganz schlimm kommt. Damals musste ich ausfallend werden, ich musste den Halbgott in Zivil hinter dem Schreibtisch überrumpeln und ihn aus seiner Gleichgültigkeit stoßen. Mit Worten natürlich nur, Hand angelegt hätte ich niemals an so jemanden. Aber brüllen schien mir nötig, ich sah kein anderes Mittel.

Der Sachbearbeiter fing sich wieder und kriegte die Zähne für ein einziges Wort kurz auseinander. «Moment», grunzte er, griff in seinen Schreibtisch und reichte mir einige Gutscheine über den Tisch. Ich stopfte sie in meine Tasche, schaute nicht einmal, wo genau ich mir dafür was würde kaufen dürfen. Ich war einfach nur froh, dass ich nicht noch einmal mit leeren Händen das Gebäude verlassen musste und wir für die nächsten Tage immerhin etwas zu essen haben würden. Und Windeln.

Mein Kind und ich lebten einige Monate im Frauenhaus, von der Hand in den Mund, ohne Job, abhängig vom Sozialamt. Der Druck war irre, es war eine andere Form von Psychoterror, als ich ihn von zu Hause kannte, nicht direkt gewalttätig, aber von einer unterschwelligen Gewalt, wie ich sie später in der Obdachlosigkeit noch viel schärfer kennenlernen sollte: die Gewalt, die darin besteht, dass du keine Zukunft hast, dass dir die Alternative genommen wurde, dass du festgenagelt bist in einer beschränkten und völlig unzureichenden Gegenwart.

Dann fand ich endlich eine eigene Behausung, damals war das noch etwas einfacher als heute. Als ich meine Sachen aus meiner alten Wohnung holen wollte, war schon alles Brauchbare weg, auch das Spielzeug von meinem Kind. Ich bin also nur mit dem, was ich am Leib hatte, weitergezogen und musste komplett neu anfangen.

Mein Ex hat nie auch nur einen Pfennig Unterhalt an uns gezahlt. Er ging zwar arbeiten – ich war ja nicht mehr da –, aber das tat er schwarz. Offiziell meldete er sich beim Sozialamt und kassierte Stütze. Unsere Trennung hat ihn nicht weiter gestört, er hat andere Frauen gefunden, die er schlagen konnte. Seinen BMW musste er nicht abmelden. Der lief auf seine jeweilige Freundin.

Als das Gericht nach vier Jahren endlich die Scheidung verkündete, stritt er mit mir über jeden Löffel aus der gemeinsamen Ehe, den er vorher schon beiseitegeschafft hatte. Das meiste war zwar mein Erbe, meine Oma hatte immerhin Küchengerätschaften besessen und ein paar Möbel, die alle in unserer gemeinsamen Wohnung gestanden haben. Aber das kümmerte ihn nicht, und das Gericht behandelte alles als gemeinsamen Besitz der ehemaligen Eheleute, der nun hälftig aufgeteilt werden müsse. Das war bitter für mich, denn so wurde der Ungerechtigkeit und Gewalt in der Ehe noch die Ungerechtigkeit einer angeblich gleichberechtigten Güteraufteilung hinzugefügt.

Das habe ich damals weder für mich so klar gesehen, noch hätte ich das anderen gegenüber so ausdrücken können. Ich war trotz der gruseligen Erfahrungen in meiner Ehe und in diesem Scheidungsverfahren noch nicht geheilt. Ich dachte weiterhin, in der nächsten Ehe finde ich das echte Glück und werde dafür brav sein, gut kochen und putzen und keine unnötigen Widerworte geben.

Der nächste Gewalttäter

Ich war 34 Jahre alt, als meine Gewaltehe endlich hinter mir lag. Nun würde alles besser werden, davon war ich überzeugt.

Nachdem ich wieder in eine eigene Wohnung gezogen war, ergab sich die ein oder andere Liebschaft. Ich war ja frei, musste mich auch nicht sofort wieder binden. Zwei Jahre nach meiner Scheidung verliebte ich mich dann richtig. Anders als in meinen ersten Mann, den ich ja nur geheiratet hatte, damit mein Kind einen Vater hatte, und aus Pflichtgefühl den gesellschaftlichen Regeln gegenüber. Jetzt war ich wirklich verliebt!

Und mein Auserwählter arbeitete! Jedenfalls brachte er Geld in die Beziehung. Die ganze Verantwortung für das Wohlergehen unserer kleinen Dreierfamilie lastete nicht nur auf meinen Schultern. Ich konnte durchatmen, es würde alles anders, alles besser werden. Wenn ich nicht reifer geworden wäre. Selbstbewusster. Eigenständiger. Nicht mehr so, wie es ein Mann seines Zuschnitts erwartete.

Mein Pech. Ich war in den letzten Jahren herausgewachsen aus dem erwarteten weiblichen Verhalten: unterordnen, abducken, unterwerfen. Auch wenn ich weiterhin von einer gewissen Folgsamkeit überzeugt war, ließ ich mir weniger gefallen als in meiner ersten Ehe. Ich war nicht einfach brav. Ich gab Widerworte. Meinem Neuen war ich sehr bald zu selbstbewusst. Damit konnte er nicht umgehen. Ich wurde für ihn zu einer Herausforderung.

Er hat mich zwar nicht in der Hochzeitsnacht verprügelt. Aber es dauerte nicht lange, und auch dieser Mann begann, mich zu schlagen. Warum ich ihn nicht sofort nach dem ersten Übergriff aus der Wohnung geworfen oder meine Koffer gepackt habe, ist mir heute ein Rätsel. Ich war doch wirklich selbstständiger geworden. Aber anscheinend noch nicht so selbstbewusst, wie ich es für diesen radikalen Schritt hätte sein müssen.

Dabei war ich 1999, als meine zweite Ehe begann, verdammte 36 Jahre alt! Und immer noch nicht in der Lage, mich angemessen zur Wehr zu setzen? Steckte so viel Bereitschaft zur Unterwerfung in mir? Steckte sie so tief, dass selbst meine erste Gewaltehe diese Bereitschaft nicht aus mir herausgebrannt hatte?

Gewalt in einer Beziehung öffnet sehr eigenartige Räume. Wer diese Gewalt nicht erlebt hat, wird kaum verstehen, was ich damit meine. Der Schlag eines geliebten Menschen, so meine Erfahrung, schockiert und lähmt nicht nur – er hält fest. Es sei denn, er veranlasst sofort zur Flucht. Was sicherlich die bessere Reaktion ist.

Aber hast du die verpasst, hat der Typ dich nicht in die Flucht geschlagen, dann nagelt er dich mit seiner Gewalt fest. «Nicht so schlimm», ist die erste Reaktion, die das Bleiben rechtfertigt. «So ist das halt», ist die nächste Reaktion, um das weitere Bleiben nach weiteren Schlägen zu beschönigen. «Ich habe keine Wahl», ist dann die Begründung, um sich mit der Unterwerfung abzufinden.

In diese Räume bin ich nach jedem Schlag, jeder Prügelorgie, jedem Gewaltexzess geflüchtet: den Raum der Relativierung, den Raum der Beschönigung und den Raum der Ausweglosigkeit. Am Ende war es nackte Angst, die mich hielt. Wenn du nicht fliehst, bleibst du. Wenn du dich nicht zur Wehr setzen kannst, weil er stärker ist und du trotzdem nicht fliehst, fixiert dich die Angst. Die Angst vor den Drohungen, dass du kaltgemacht wirst, solltest du gehen oder solltest du dich der

Polizei anvertrauen oder Freunde gegen ihn sammeln. Ich bin nicht geflohen, denn ich hatte ja auch mein Kind, das ich nicht allein großziehen wollte. Und ich glaubte, dass ich es nicht allein würde großziehen können. Vielleicht würde er ihm etwas antun, wenn ich ging?

Die Prügel schlugen mein Selbstbewusstsein in Stücke, zertrümmerten mein Selbstwertgefühl, zermatschten mir das Rückgrat, den aufrechten Gang.

Mit Selbstverleugnung wollte ich dieses Gewaltleben stemmen. Ich würde noch besser werden, ich würde alles in den Griff bekommen, ich warf mich in die Arbeit. Ich habe Geld verdient – nach sehr kurzer Zeit doch wieder als Einzige in der Familie, weil sich auch dieser Typ auf meiner Arbeit ausruhte. Ich habe unsere Freizeit organisiert – wir fuhren am Wochenende meist an die Mosel, da stand unser Campingwagen, den ich gekauft hatte. Ich habe den Haushalt geschmissen, eingekauft, gekocht, mich um mein Kind gekümmert.

Ich war wie eine Maschine, ich funktionierte wie am Schnürchen und wurde zwischendurch dafür verprügelt. Irgendwann bekam ich mit, dass er das Kindergeld für sich behielt, dass er in Mafiastrukturen aktiv war und sehr wohl Geld hatte, bloß illegales. Ich verschloss die Augen davor. Er hatte überall seine Finger drin, sogar in der Prostitution, er war hochgradig kriminell. Anfangs hatte ich nicht den blassesten Schimmer von seinen Unternehmungen. Ich wusste nicht einmal, dass er vor unserer Ehe schon mehrfach im Gefängnis gesessen hatte.

Da landete er irgendwann wieder. Ich habe ihn in der JVA

Rheinbach besucht. Ich weiß noch, wie der Richter mich zu sich zitierte, mir ins Gewissen redete, mich checkte, herausfinden wollte, was ich für eine war. Ich war nicht die Komplizin meines Mannes, das wurde ihm schnell klar, ich war eine städtische Angestellte, ging putzen. Er hatte keine Einwände, dass ich meinen Mann besuchte.

Tat ich das alles aus Familiensolidarität? War meine Sehnsucht nach einer heilen Familie so groß, dass ich mir auch eine kaputte Familie leistete? Hauptsache, Familie?

Ich habe für ihn sogar die Kaution bezahlt, damit er aus der U-Haft entlassen wurde und weiter auf mich eindreschen konnte. Dafür habe ich noch mehr gearbeitet. Aber er verstieß gegen seine Bewährungsauflagen und war dann lange Zeit von der Bildfläche verschwunden.

Ich hatte immer noch nicht genug. War immer noch nicht geheilt. Wartete, dass er wieder rauskam. Und ließ mich wieder von ihm verprügeln.

Er war, anders als mein erster Mann, wesentlich jünger als ich. Hielt mich vielleicht so etwas wie das Verantwortungsbewusstsein der Älteren bei der Stange? Der Klügeren? Der Tüchtigeren? Eine Verantwortung, vor der ich auf keinen Fall versagen durfte? Meine Oma hatte ja auch nie aufgegeben. Nie versagt. Immer durchgehalten.

Ich weiß, ich hätte früher, viel früher, die Reißleine ziehen müssen. Mir Hilfe holen müssen. Hilfe, die ich jetzt Frauen in ähnlichen Lebenslagen anbiete.

Ich habe es damals nicht geschafft.

Meine zweite Ehe endete in meinem völligen Zusammenbruch und führte mich direkt in die Obdachlosigkeit.

VI. Während Corona

Als Corona kam, lag meine Obdachlosigkeit lange hinter mir, und ich war bereits ein paar Jahre als Streetworkerin unterwegs. Ich hatte die Regierungspläne natürlich verfolgt, die Verbreitung des Coronavirus mit sozialer Distanz und mit Masken zu bekämpfen. Mir selbst war mulmig vor dem, was Corona für mich bedeuten könnte. Als Lungenpatientin mit einer ausgewachsenen COPD, ausgeschrieben: chronisch obstruktive Lungenerkrankung, würde mir das Virus wahrscheinlich schwer zu schaffen machen, wenn ich es mir einhandeln sollte. Das brauchte ich nicht. Aber sollte ich deshalb auf meine Arbeit auf der Straße verzichten? Und die Leute dort im Stich lassen? Ich ahnte sehr schnell, was soziale Distanz und all die anderen Vorschriften für Obdachlose und andere arme Menschen bedeuten würden.

Als ich am ersten Tag des Lockdowns mit Clayd an der Leine auf den Wiener Platz einbog, der an normalen Tagen von vielen Hunderten Menschen belebt ist, gingen nur Einzelne ihrer Wege. Mit viel Luft zwischen ihnen. Kein einziger Stand des täglichen Wochenmarktes war aufgebaut, kein Obst, kein

Gemüse, keine Klamotten, kein Tinnef, nichts. Der Biergarten am Platz, der die meisten Stühle und Tische draußen stehen hat, weil drinnen nur ein paar wenige hineinpassen, hatte geschlossen. Nicht mal unter freiem Himmel durfte ich meinen Kaffee trinken, wie ich das sonst immer tat. Die Aerosole waren schuld, dass die frische Luft nicht mehr als frische Luft, sondern als lebensgefährlich galt. Der Wind pfiff über den Platz, es roch nach Frühling.

Ich ging zu meinen Leuten, die an ihren üblichen Plätzen saßen oder standen – bekanntlich hatten sie kein Zuhause, sonst wären sie nicht hier. Sie bestürmten mich mit Fragen. Eine ältere Frau wollte wissen, warum so wenig Leute auf der Straße wären. «Ist Krieg?», fragte sie. «Was ist mit dem Markt?», fragte ein Mann, der schon seit Jahren ohne Wohnung war. Ich wusste, dass er sich an einem der Obst- und Gemüsestände kostenlos mit angestoßenen Bananen versorgte, die der Händler liegen ließ, vermutlich für Leute wie ihn. Jemand wollte wissen, wann das Bistro aufmacht. Eine junge Frau schaute besorgt nach, was mit dem Café an der Ecke war, dort hatte sie immer die Toilette benutzen können. Sie war sehr gepflegt, ihr sah niemand die Obdachlosigkeit an. Was sollte jetzt werden?

Am 22. März 2020 wurden Einschränkungen des sozialen Lebens verfügt, die das ganze Miteinander und gleich auch alle Hilfsmittel von der Platte putzten, die sonst zum üblichen Leben von Obdachlosen gehörten.* Der Aufenthalt im öffent-

* 22.3.–4.5.2020 (Kontaktverbot, Schulschließungen, Gastronomieschließungen, keine Großveranstaltungen); 13.12.2020 (Schließung von

lichen Raum war nur allein oder mit einer einzigen weiteren Person außerhalb des eigenen Haushaltes gestattet. Man durfte nicht mehr nebeneinandergehen, erst recht niemanden umarmen, einen Meter fünfzig Abstand sollten die Leute zueinander einhalten. Kneipen, Restaurants, Cafés und zahlreiche weitere Dienstleistungsbetriebe mussten schließen.

Heftig wurde darüber nicht so sehr in den Medien, aber umso mehr unter Bekannten und Freunden diskutiert. Die einen fanden das gut und nötig und hielten sich an die neuen Vorschriften, die anderen ärgerten sich, weil sie viele Maßnahmen übertrieben und nutzlos fanden, und mussten sich trotzdem unterwerfen, zu Hause bleiben, den nächsten Kneipenbesuch auf irgendwann verschieben und ihr Bier zu Hause trinken.

Die Streitereien gingen an den Menschen völlig vorbei, die sich nicht in ihre eigenen vier Wände zurückziehen konnten, weil sie keine hatten. Was sollten sie mit den neuen Vorschriften machen? Wohin sollten sie sich zurückziehen? Stellte ihnen jetzt plötzlich jemand eigene Räume zur Verfügung, in die sie vor dem Virus hätten flüchten können?

Nein, natürlich nicht. Die Leute auf der Straße wurden von den Coronavorschriften komplett übersehen.

Uns von «Heimatlos in Köln» war das bereits klar, als die Pläne diskutiert wurden. Wir hatten genau registriert, dass

Gastronomie und Einzelhandel, Ausgangssperre) bis Mai 2021 abgestuft: https://de.wikipedia.org/wiki/COVID-19-Pandemie_in_Deutschland#Erster_Lockdown_ab_M%C3%A4rz_2020 (diese und alle folgenden Internetquellen wurden zuletzt abgerufen am 30. Juli 2024).

niemand über diejenigen nachdachte, die auf der Straße lebten. Und dass über die armen Schlucker, die zwar noch eine eigene Wohnung hatten, aber sonst nichts, genauso wenig nachgedacht wurde. Sie würden dafür zahlen müssen, dass andere sie übersehen hatten oder dass sie den Verantwortlichen vielleicht sogar egal waren. Ihnen wurden auf einen Schlag alle Mittel genommen, die für sie zum Überleben auf der Straße oder in ihrer großen Armut existenziell waren.

Zuerst mussten sie feststellen, dass die Tafeln zugemacht hatten. Sie standen am gewohnten Ort zur gewohnten Zeit, und niemand war zu sehen, niemand baute die Bierbänke auf, niemand holte die Kisten aus dem Sprinter, niemand würde den Inhalt der Kisten über den Tresen reichen. Sie standen da und warteten eine, manche auch zwei Stunden, bis ihnen klar wurde: Diese Tafel würde heute nicht öffnen.

Bei den Tafeln versorgten sich in den letzten Jahren immer mehr Obdachlose und andere mittellose Menschen kostenlos mit Lebensmitteln oder Hygieneartikeln und nahmen manchmal auch Teile der ausgelegten Klamotten mit. Am wichtigsten waren für die Obdachlosen Tafeln, die warmes Essen ausgaben. Niemand von ihnen schleppte Kartoffeln, Möhren oder Kohl mit sich herum. Kochen kann kaum jemand, der auf der Straße lebt. Die meisten Armen und Obdachlosen wussten, welche der Tafeln oder Essensausgaben wo in der Stadt an welchem Wochentag geöffnet hatten. Und zogen entsprechend durch die Stadt, um ihre Grundversorgung zu sichern.

Als meine Leute vom Wiener Platz am nächsten Tag bei einer anderen Tafel-Verteilung aufkreuzten, war auch hier niemand zu sehen. Sie gingen nach Stunden hungrig zurück, und die Ersten begannen langsam, panisch zu werden. Erst recht, als sie realisierten: Es gibt auch morgen und übermorgen und wer weiß wie lange keine einzige Tafel und keine einzige warme Essensausgabe mehr, im gesamten Stadtgebiet nicht.

Von einem Tag auf den anderen brach für sie die komplette Versorgung zusammen. Wer kein Geld hatte und nicht einkaufen gehen konnte, für den war der Verlust nicht nur dramatisch, sondern er wurde lebensgefährlich.

Am Wiener Platz war die Not schon nach zwei, drei Tagen groß. Mir war klar, dass ich am nächsten Tag nicht mehr mit leeren Händen oder ein paar Keksen aufkreuzen konnte. Es musste warmes Essen und etwas zu trinken her. Unbedingt. Aber darauf waren wir nicht vorbereitet, wir hatten weder die finanziellen Mittel noch das Personal, um Essen im großen Stil auszuteilen. Ganz zu schweigen von irgendeiner Erlaubnis, die wir uns vermutlich für die Essensausgabe hätten besorgen müssen.

Aber ein Zögern kam nicht infrage. Wir vom Verein mussten sofort handeln. Schon am nächsten Tag haben wir Essen organisiert, sind bei Supermärkten betteln gegangen, damit sie uns abgelaufene Ware überließen bzw. alles, was sie entbehren konnten. Wir haben Wasserflaschen und Hygieneartikel eingesammelt. Zwei Tage später standen wir auf dem Platz, um alles zu verteilen. Unsere Aktion sprach sich rasend schnell herum. Wir hatten nicht genug, um allen zu helfen, die kamen.

Was wir taten, war verboten. Die Tafeln hatten ihre Arbeit ja nicht umsonst eingestellt. Aber was heißt schon verboten? Es interessierte uns, ehrlich gesagt, einen feuchten Kehricht. Wir haben einfach gemacht, was nötig war, und niemanden um Erlaubnis gefragt. Abstand? Ja, so gut es ging. Aber wir trieben die Leute nicht auseinander, weil es zwanzig, dreißig wurden, die irgendwann nicht mehr still in der Schlange standen, sondern anfingen zu drängeln. Wir konnten die Angst der Leute sehen. Die Angst, die in ihren Augen flackerte. Die Menschen befürchteten, dass sie leer ausgehen, und wir haben das nachvollziehen können.

Man ließ uns machen, Ordnungskräfte tauchten nicht auf, auch wenn sie ansonsten recht kleinlich waren und sogar Pärchen verscheuchten, wenn sie es sich auf einer Sitzbank gemütlich machten. Anscheinend hatte die Verwaltung schnell kapiert, dass Obdachlose und Arme versorgt werden mussten, irgendwie. Und wenn sie es schon selbst nicht zuwege brachte, drückte sie angesichts unserer Aktionen beide Augen zu. Um es ganz klar zu sagen: Ohne uns wären einige Menschen schlicht verhungert oder verdurstet.

Wir hätten das alles nicht gestemmt, wenn sich nicht der Kreis unserer Ehrenamtler wie durch ein Wunder rasant vergrößert hätte. Wenn nicht Leute dazugestoßen wären, die für die Obdachlosen kochten oder beim Einsammeln und Austeilen halfen. All diesen Menschen bin ich heute noch dankbar, dass sie einfach mitgemacht haben, ohne lange zu fragen.

An den heftigsten Tagen standen 250 Leute bei uns in der Schlange, manche mit Tränen in den Augen, weil sie tagelang nichts gegessen hatten. Ein alter Mann kam zu uns und weinte vor Hunger und vor Erleichterung, dass wir eine Suppe oder Spaghetti bolognese austeilten. Er war kein Obdachloser, sondern einfach nur ein alter armer Mann, der von der Tafel lebte und vom Betteln oder Flaschensammeln. Aber auch das war nun verboten und mangels Laufpublikum auch gar nicht mehr lukrativ. Wo sich keine Leute aufhalten, gibt es auch nichts zu betteln, nichts zu schnorren, keine Flaschen zu sammeln. Der Mann hatte von einem Tag auf den anderen keinerlei Einkünfte mehr. Und unter dem Sofakissen oder auf dem Konto hatte er natürlich auch nichts, falls er überhaupt ein Konto hatte. So wie ihm ging es in der Stadt Hunderten, die von derlei Tätigkeiten leben.

Die Not war wirklich groß, und die Mangelernährung der Obdachlosen und Armen, die von der Tafel und den warmen Essensausgaben nur notdürftig aufgefangen werden kann, schlug voll durch. Nach zwei Wochen klagten immer mehr Menschen über Bauchschmerzen, Schwindel und Übelkeit. Wir konnten einfach nicht wettmachen, was weggebrochen war.

Immerhin gewannen wir für unseren Stand eine Sanitäterin, die Menschen mit Wundverbänden, Medikamenten, Vitaminpillen und Nahrungsergänzungspräparaten erstversorgt hat. Es kamen Menschen mit Maden in ihren offenen Beinen und in anderen Wunden. Menschen, die nur mit einer Akutversorgung nicht wieder hochkamen. Deren Gesundheitszustand sich rapide verschlechterte, weil auch die ärztlichen Sprechstunden und Therapieangebote auf der Straße eingestellt wurden. Es war der reinste Horror. Auch was die gesundheitliche Versorgung betraf, wurden diese Menschen in den Lockdown-Beschlüssen einfach übersehen.

Zum Glück gab es Privatleute, die ansprechbar und bereit zu helfen waren. Ein Apotheker am Wiener Platz hat mit Desinfektionsspray, Masken und anderem Material aus seinem Bestand geholfen. Er hat Blutdruck- und Blutzuckermessgeräte an uns ausgeliehen, denn manche mussten ihren Blutzucker kontrollieren – das alles lief ja nicht mehr wie bisher.

Ich weiß nicht, wie viele Menschen auf der Straße ohne diese privaten Hilfen verreckt wären. Es gab Tote, so viel war klar. In Hamburg wurden im ersten Jahr der Pandemie drei- bis viermal so viele tote Obdachlose gezählt wie in den Jahren zuvor*.

Ich schlief in dieser Zeit kaum noch, war ständig am Telefon, habe organisiert, Spenden gesammelt, für unsere Überlebenshilfe geworben. Das war sehr, sehr anstrengend. Irgendwann kamen wir auf die Idee, den Leuten mit Gutscheinen von 10 Euro unter die Arme zu greifen, damit sie sich selbst in den Lebensmittelgeschäften versorgen konnten. Auch dieses Geld bekamen wir durch Spenden zusammen und haben in zwei Monaten Gutscheine im Wert von über 6000 Euro ausgehändigt.

So unwahrscheinlich das im Nachhinein klingt: Wir waren in Mülheim als einzige Helfer am Start. Zu diesem Zeitpunkt hatte die Verwaltung einigen Hilfegruppen endlich ihr Okay gegeben, sodass sie ganz offiziell ihre Versorgungsarbeit ma-

* https://www.zeit.de/gesellschaft/2021-03/obdachlosigkeit-corona-krise-pandemie-armut-strassenleben-tote

chen durften – in der Innenstadt, am Dom, dort, wo sie auch vor Corona gearbeitet hatten. Wir hatten kein offizielles Okay, aber die Duldung der Hilfen in der Innenstadt hatte sich wohl bis Mülheim herumgesprochen, die Ordnungskräfte am Wiener Platz hielten sich jedenfalls weiterhin zurück, wenn wir präsent waren.

Was allerdings nicht hieß, dass Ordnungsamt und Polizei gänzlich darauf verzichteten, die Coronavorschriften gegenüber den Obdachlosen durchzusetzen. Es war kurios, wie die Ordnungshüter das versuchten. Die Kernidee: Obdachlose sollten sich nicht mehr frei auf dem Platz bewegen. Schon möglich, dass die Verantwortlichen dachten: Wo kämen wir denn hin, wenn ausgerechnet die Letzten auf der Hühnerleiter frei herumlaufen und andere das nicht dürfen!?

Aber wohin mit ihnen? Einweisen in Wohnungen? In Hotels? Das wurde zwar gefordert, war aber angeblich nicht möglich. Das Gegenteil fand statt. Notunterkünfte verringerten ihr Angebot oder wurden sogar komplett geschlossen. Es nächtigten also mehr Menschen auf der Straße, nicht weniger. Um das Elend einzudämmen, wurden die Obdachlosen aufgefordert, an ihren Schlafplätzen zu verbleiben und sich nicht von ihrer Matte oder aus ihrer Ecke wegzubewegen. Wie andere auch, die ihre Wohnungen nur zum Arbeiten, Einkaufen oder zum Hundeausführen verlassen durften.

Es wurden sozusagen vier unsichtbare Mauern um eine Matratze gezogen, und diese Wahnvorstellung wurde amtlicherseits zu einer Wohnung erklärt, die der «Bewohner» nicht mehr verlassen durfte. Gleiches Recht für alle. Zum Piepen, wenn es nicht so menschenfeindlich gewesen wäre. Und so unrealistisch. Denn die Leute konnten sich gar nicht daran halten, schon weil sie irgendwo ihre Notdurft verrichten mussten (auch ein Mieter oder Wohnungseigentümer kackt ja nicht auf sein Sofa). Oder weil sie Alkohol brauchten, viele waren immerhin ganz massiv abhängig, psychisch und körperlich. Oder weil sie sich mal die Beine vertreten mussten, auch wenn sie keinen Hund hatten. Dann haben Ordnungsamtsleute und Polizei den aus der amtlichen Wahnvorstellung Ausgebrochenen tatsächlich ein Bußgeld verpasst. Bußgeld für ihre schlichte Existenz als Obdachlose – auf diese Idee musste man erst mal kommen.

Hermann hatte es bereits dreimal erwischt. Das erste Mal war er zu einem Kumpel am anderen Ende des Wiener Platzes gegangen, weil er eine Kippe schnorren wollte. Die hat er sogar vorgezeigt, als die Polizei ihn anhielt. Aber die Kippe galt nicht als zulässiger Einkauf. Und von der Arbeit kam Hermann auch nicht. Also Bußgeld. In Höhe von 200 Euro. Er musste sich beherrschen, um nicht laut loszulachen. Danach war aber die Stimmung nicht, das wusste Hermann. Er stopfte sich also den Bußgeldbescheid in die Hosentasche und verzog sich geräuschlos wieder auf seine Matratze.

Das zweite Mal war er erwischt worden, als er aus dem Park kam. Dort hatte er in Ermanglung einer Toilette einen Busch aufgesucht. Hermann war ein reinlicher Mensch. Es war ihm peinlich, aus einem Busch ein Klo zu machen, und das fast in aller Öffentlichkeit. Zum Glück waren wenige Menschen unterwegs. Aber das Ordnungsamt schon. Die Mitarbeiter erwischten ihn zwar nicht bei seiner verbotenen Notdurft unter freiem Himmel. Aber als sie ihn auf dem Rückweg zu seiner

Matratze anhielten, konnte er keine Ausrede präsentieren. Vom Busch-Klo redete er lieber nicht, das hätte ihn womöglich noch mehr gekostet. Also das zweite Bußgeld, sage und schreibe noch einmal 200 Euro.

Das dritte Mal war er um seine Matratze herumgegangen, um sich zu recken und zu strecken. Das wäre vielleicht noch hingenommen worden, aber die Polizisten bemängelten, dass er dabei keine Maske getragen habe. Hermann wusste gar nichts von der Maskenpflicht, er sah zwar viele Leute mit Masken, aber warum und wieso sie aufzusetzen war, hatte ihm niemand erklärt. Dafür sollte er 50 Euro zahlen.

Hätte er den knappen halben Tausender, auf den seine Verstöße sich summiert hatten, zusammenschnorren wollen, würde ihn das vermutlich seine restliche Lebenszeit kosten. Falls er nicht noch in den Knast kam, als Strafe dafür, dass er das Geld nicht pünktlich gezahlt hatte.

Viele Bußgelder gegen Obdachlose sind verteilt worden, weil sie keine Maske aufhatten. Das geschah bei den meisten nicht aus bösem Willen. Sondern aus einem Finanzproblem heraus – sofern sie überhaupt von der Pflicht zum Maskentragen wussten. Keiner hatte sie darüber aufgeklärt. Ordnungsamt und Polizei beschränkten sich darauf, Bußgelder zu verteilen und Platzverweise auszusprechen; zur Aufklärung sahen sie sich nicht veranlasst. Die meisten Obdachlosen wussten also schlicht und einfach nichts über die Regeln. Bis wir kamen, Masken verteilten und erklärten, was es damit auf sich hatte. Wir hatten sogar Aufklärungsflyer in mehreren Sprachen dabei, denn auf Platte wird nicht nur Deutsch gesprochen.

Was Hermann nach seinem Toilettengang im Park widerfahren war, darauf mussten alle auf dem Platz gefasst sein. Toiletten und Waschmöglichkeiten in der Gastronomie oder im Schwimmbad gab es nicht mehr. Alle Orte, die sonst für Körperpflege und Hygiene zugänglich waren, hatten geschlossen. Ihnen standen keine Möglichkeiten für derlei grundlegende Bedürfnisse mehr zur Verfügung.

Das hatte dramatische Folgen für den Platz und das umliegende Parkgelände. Die Leute entleerten sich, wo es gerade möglich war. Wer das nicht im Park machte, weil mit jedem Schritt weg von der Matratze die Gefahr größer wurde, von den Ordnungskräften erwischt zu werden, machte sein Geschäft in irgendeiner Ecke des Platzes. Es wurde ekelhaft, und es wurde gesundheitsgefährdend. Und zwar zwangsläufig, weil man den Menschen auf der Straße keine andere Möglichkeit zum Toilettengang eröffnete.

Der Wiener Platz ist zu normalen Zeiten ein Umschlagplatz für täglich 70 000 Menschen. Leute, die Busse und Bahnen benutzen, zum Arzt gehen, zur Arbeit, zum Einkaufen. Und noch nie hatte es auf diesem Platz eine öffentliche Toilette gegeben! Das war zu normalen Zeiten schon ein Unding. Jetzt rächte sich diese Sünde wirklich.

Mit Franco Clemens, der seit mehreren Jahrzehnten Streetworker und in Köln auch bei der Politik bekannt ist, haben wir nach möglichst schnellen Lösungen gesucht. Mit dabei war die neu gegründete Arche, ein Verein für Obdachlose, der massiv Spenden einwarb und von Günter Wallraff, Konstantin Neven DuMont, einem Mitglied der Pressefamilie am Ort, und anderen prominenten Kölnerinnen und Kölnern unterstützt wurde.

Unser Ansatz: einen privaten Toilettencontainer auf dem Platz, den es schon seit Jahren gab, für die Allgemeinheit öffnen. Er gehörte zum Biergarten, stand aber nur seinen Gästen zur Verfügung. Man bekam einen Schlüssel vom Personal – damit blieben Nutzung und Kosten übersichtlich. Unser Vorschlag war, diesen Toilettencontainer für alle zu öffnen. Geld für Personal und Material sollte von der Verwaltung umgehend bereitgestellt werden, für den Anfang hätten wir die Gelder durch Spenden aufgebracht.

Der Besitzer des Biergartens war nicht abgeneigt, aber er wollte natürlich nicht auf den erheblichen Kosten für Reinigung und Ausstattung der Toiletten sitzen bleiben. Doch die Stadtverwaltung verweigerte die nötigen finanziellen Mittel. Das war ein Skandal. Platz und Park waren mittlerweile – auf Deutsch gesagt – zugeschissen. Wie konnte man davor die Augen und die Nase so verschließen!? Das Ausmaß der Verunreinigung würde in Kürze Seuchenprobleme zur Folge haben. Und trotzdem verweigerte die Verwaltung das Geld für eine schnelle Lösung!?

Wir konnten es nicht glauben. Bis wir herausfanden, dass hinter dem finanziellen Argument – die Stadt ist klamm, auch unser Stadtteil hat wenig Geld – noch ein zweites, grundsätzliches Argument stand: Man dürfe es den Obdachlosen nicht zu einfach machen, z. B. durch eine öffentliche Toilette. Die würde nur noch mehr Obdachlose anziehen. Nicht helfen war das Motto, sondern vergraulen. Koste es, was es wolle, selbst eine Seuche.

Wir rauften uns nicht nur die Haare, wir hielten dagegen und argumentierten, bis in die Stadtspitze hinein, zu der uns die Prominenten von der Arche Zugang verschafften. Wir gaben den Bedenkenträgern recht, zogen aber andere Schlüsse. Natürlich würden öffentliche Toiletten benutzt werden – sie wurden ja dringend gebraucht –, auch von Obdachlosen. Aber würde durch ein öffentliches Klo plötzlich die Gesamtzahl der Obdachlosen in der Stadt explodieren? Wohl kaum. Höchstens am Ort der einzigen öffentlichen Toilette. Ja, vermutlich würde die Zahl der Obdachlosen, die vor diesem öffentlichen Klo warteten, die Zahl der Obdachlosen übersteigen, die sonst hier verkehrten. Nur, argumentierten wir, wie wäre es, wenn dann noch ein zweites und drittes und noch weitere öffentliche Toiletten in diesem und in anderen Stadtteilen gebaut werden würden? Warum kam die Verwaltung nicht auf diese naheliegende Idee? Glaubte sie ernsthaft, Obdachlose würden sich in Luft auflösen, wenn man so tat, als seien sie Luft? Wenn man ihre Bedürfnisse nicht wahrnahm und ihnen in keiner Weise entgegenkam?

Wir haben für das öffentliche Klo am Wiener Platz über ein Jahr gekämpft inklusive einer Demo am Ort des Geschehens. Obwohl wir in dieser Zeit wegen Corona keine Versammlungen und Demos machen durften, denn der zweite Lockdown ab Dezember 2020 verbot alle öffentlichen Aufläufe.

Also haben wir unseren Protest als Kunstaktion verkauft. Da schienen sich die Ordnungskräfte nicht so sicher in der Beurteilung. Und eine Kunstaktion führten wir dann auch durch: Mitten auf dem Wiener Platz prangte eine glänzend weiße Kloschüssel, drum herum hatten wir Klopapierrollen aufgestellt, alles wie gemalt, ein sauberes, ästhetisch wertvolles und unschuldiges Bild. Und ein heftiger Kontrast angesichts der Umstände, die auf dem Platz und in seiner Umgebung herrschten und die wir natürlich vermittelten.

Viele haben sich an dieser Aktion beteiligt. Nicht nur wir, sondern viele uns unbekannte Leute haben sich – angezogen – auf das Klo gesetzt und so demonstriert, wie es ist, wenn man genau die nicht hat, eine Toilette. Das Kölner Boulevardblatt «Express» berichtete. Es wurde zunehmend peinlich für die Stadt, die das Problem bis dahin geleugnet oder weggeschoben hatte.

Da sich seit Monaten und auch nach unserer Aktion nichts bewegte, griffen wir zur Selbsthilfe und stellten für den privaten Toilettencontainer mit Erlaubnis des Eigentümers und mithilfe von Spendengeldern der Arche zwei Reinigungskräfte ein. Leider entpuppte sich die Einstellung als Fehlgriff, unsere Beschäftigten konnten sich nicht ausreichend verständigen, es kam zu Problemen. Anfang 2021, wir waren immer noch im zweiten Lockdown, heuerten wir dann geeigneteres Personal an und erzwangen schließlich einen positiven Beschluss der Bezirksvertretung, die Kosten zu übernehmen. Endlich war die öffentliche Finanzierung des Toilettencontainers durch.

Der Bezirksbürgermeister, der als höchster Repräsentant im Stadtteil lange gegen diese Lösung gestänkert hatte, gab nur nach, weil die Zahl der Prominenten, die ihm wegen seiner Weigerung einheizten, zu groß geworden war. Einerseits ein Erfolg für uns, andererseits ein Armutszeugnis für die Verantwortlichen.

Leider bekamen wir dieselbe Mischung aus Unwillen und Unverstand auch bei der nächsten großen Corona-Maßnahme wieder zu spüren, bei der Impfung. Zumindest am Anfang. Die Angst vor der Impfung, ihr Nutzen, ihr Schaden, jegliches Für und Wider bis zu den Details wurden mit den Obdachlosen nicht diskutiert. Auch hier waren wir wieder gefragt und taten das Unsrige, um unsere Leute aufzuklären.

Dann legte irgendjemand in der Verwaltung den Hebel endlich um, und den Obdachlosen wurden Informationen und Impfungen angeboten. Viele nahmen sie wahr. Zahlen wird es dazu vermutlich nicht geben, denn auch die Zahl der Obdachlosen wurde ja bis dahin nur grob geschätzt.

Immerhin hat sich bis zum Ende der Epidemie kaum einer am Wiener Platz mit Corona angesteckt. Wir hatten wahnsinniges Glück.

VII. Gewalt ist täglich

Martha hielt den Kopf ein bisschen schief. Wenn sie sich beim Gehen auf ihren Rollator stützte, fiel er ihr vor Anstrengung nach vorn auf die Brust, und ich konnte ihr Gesicht nicht mehr sehen. Es war ein verlebtes Gesicht, mit dunklen Furchen, die Augen lagen tief in ihren Höhlen, die Haare waren dünn geworden, die Kopfhaut schimmerte an manchen Stellen hindurch.

Sie ging immer nur wenige Schritte, dann hielt sie an. Nach einem Weilchen hob sie den Kopf wieder, und ich konnte sehen, dass ihr Gesicht rot angelaufen war. Sie keuchte. «Ich muss», sagte sie. Da kannten wir uns schon etwas besser. Seit einer Woche sahen wir uns täglich. «Ich muss.» Aber weil Martha Müller auf der Straße lebte, war da nichts, wohin sie konnte. Sie drehte sich weg, und ich sah, wie ihre Hose nass wurde, der Urin lief ihr die Beine hinab. Martha schlug die Hände vors Gesicht. «Sie brauchen sich nicht zu schämen», sagte ich. «Es geht ja nicht anders.»

Ich kriegte Wut. Es war so ungerecht. Martha war fast siebzig Jahre alt. Aus der städtischen Notschlafstelle hatte man sie hinausgeworfen. Das war ungeheuerlich, egal, was sie sich hatte zuschulden kommen lassen. Es war ungeheuerlich, eine alte Frau im Winter auf die Straße zu werfen. Aus den Notschlafstellen wird man schnell entfernt, wenn man aufmuckt oder sich nicht an die Regeln hält. Das geht rasant, erst eine Abmahnung, dann raus. Ich kannte das aus meiner Frauengruppe. Aber eine alte Frau?! Ohne dass sich die Verantwortlichen darum scherten, was mit ihr werden würde?!

Frau Müller hatte immer ihre zwei Hunde bei sich. Vielleicht hatte es ihretwegen Krach gegeben. Vielleicht sollte sie die beiden Hunde wegsperren und hatte sich geweigert oder sie heimlich doch ins Haus geholt. Ich weiß es nicht. Es interessierte mich auch nicht. Sie wollte nichts darüber erzählen, und ich fragte nicht nach.

Martha hatte, als ich sie kennenlernte, schon zwei Wochen bei Minusgraden im Park geschlafen. Sie war mir aufgefallen, weil sie frühmorgens auf einem Mäuerchen saß und die Krähen fütterte. Ich weiß nicht, wo sie die Brotkrümel zusammengesammelt hatte. Aber es war ihr wichtig. Nach dem Aufwachen hockte sie sich immer auf ihr Mäuerchen, klaubte eine Tüte mit Brotresten hervor und fütterte die Krähen. Geduldig saß sie da, bis die letzten Krumen verfüttert waren. Die Tauben scheuchte sie fort, nur Krähen bekamen etwas von ihr.

Martha war nicht nur gehbehindert und hatte eine schmerzhafte Arthrose, sie war auch inkontinent. Es war ungeheuerlich, dass man sie auf die Straße geworfen hatte. Ich muss das noch einmal wiederholen. Ungeheuerlich.

Das ist für mich nackte Gewalt. Für diese Gewalt, die man

ihr angetan hat, ist niemand zur Rechenschaft gezogen worden. Und das war eigentlich das Schlimmste: Es gab keine Bestrafung für die Täter. Weil es «nur» eine Obdachlose war, an der sie sich vergriffen hatten?

Ich begleite seit über zehn Jahren Menschen, die auf der Straße leben. Jeder Mann und jede Frau hat ihr ganz besonderes Schicksal. Aber es gibt etwas, was immer wieder gleich ist: die Gewalt, die Obdachlosen das Leben noch schwerer macht, als es sowieso schon ist. Sie baut sich vor ihnen auf wie eine Mauer, gegen die sie rennen. Da ist leider nichts zu machen, heißt es, wenn Wohnungen fehlen, wenn Notschlafplätze fehlen, wenn Hilfe ausbleibt. Die Verantwortlichen zucken die Schultern.

Auch wir als Helfer sind angesichts dieser Realität oft hilflos. Wir verfügen als HiK zum Beispiel nicht über Notwohnungen, in denen wir jemanden wie Frau Müller hätten unterbringen können. Es gab sowieso nur eine Handvoll solcher Notwohnungen in der Stadt, die alle belegt waren. Wir mussten uns darauf beschränken, ihr das Leben auf der Straße wenigstens etwas weniger grausam zu gestalten. Also haben wir ihr Einlagen besorgt und ihr in einer angemieteten Garage ein Regal reserviert, dazu Kleidung zum Wechseln und ihre Dokumente. Sie brauchte uns nur zu fragen, dann brachten wir von dort, was sie benötigte. Wie kümmerlich das war! Wie bitter nötig.

Martha Müller war eine mutige Frau. Das war mir schon klar, als ich sie das erste Mal gesehen habe. Man braucht großen Mut, um nachts allein in den Park zu gehen und dort zu schlafen. Man braucht großen Mut, um morgens wieder aufzustehen. Man braucht großen Mut, um sich durch den Tag zu schleppen. Ohne Geld. Ohne Hilfe. Es war gut, dass wir uns kennenlernten. Martha erinnerte mich an meine Oma, die genauso mutig gewesen ist, sich durchgeschlagen hat und immer wieder aufgestanden ist, auch wenn die Zeiten schlecht waren und das Geld fehlte.

Der Mut von Frau Müller war sogar so groß, dass sie sich traute, öffentlich über ihr Leben auf der Straße zu erzählen. Ich hatte Kontakte zum WDR, zur Sendung *Frau tv*. Dort berichtete sie. Einen Tag später meldete sich eine Wohnungsverwaltung bei mir. Die Verantwortlichen hatten die Sendung gesehen und waren erschüttert. Die Gesellschaft besaß einige Immobilien in Köln und bot Frau Müller eine ihrer Wohnungen an. Von der Stadt hörten wir nichts. Martha konnte eine Woche später in die Wohnung einziehen, die sogar behindertengerecht war. Sechs Wochen hatte sie auf der Straße gelebt, in ihrem Zustand. Sechs Wochen zu viel. Sie hat diese Zeit überlebt, ein kleines Wunder. Sie wohnt noch immer in ihrer Wohnung und meldet sich manchmal bei mir.

Gesundheitsversorgung

Ich erzähle davon auch deshalb, weil dieser Fall zeigt, dass immer mehr Hilfsleistungen für Obdachlose, die in einem Sozialstaat die Kommune übernehmen müsste, privatisiert werden. Das Beispiel mag krass sein, aber ohne die private Hilfe einer privaten Wohnungsgesellschaft säße Frau Müller womöglich noch heute auf der Straße. Oder wäre tot.

Als wir sie endlich untergebracht hatten, bin ich mit ihr ins Krankenhaus gegangen, weil sie einen Arthroseschub bekam. Wir zogen in der Notaufnahme eine Wartemarke, ergatterten zwei Stühle und warteten. Sehr lange. Dann wurde unsere Nummer aufgerufen, und Frau Müller erzählte, warum sie hier war. «Ihre Karte?», fragte die freundliche Dame. Frau Müller schüttelte den Kopf. Sie hatte keine. «Das wird schwierig», sagte die freundliche Dame. «Wir können Sie nicht behandeln, wenn es keine Akutversorgung ist. Und die Arthrose haben Sie ja schon seit Langem, wenn ich Sie richtig verstanden habe.» Frau Müller nickte. «Dann tut es mir leid, da können wir nichts machen. Sie müssen erst mal das Problem mit Ihrer Krankenversicherung klären.»

Ich bestand darauf, dass Frau Müller untersucht würde, dass man sie wenigstens anschaute und ihr ein Medikament verschrieb. Die freundliche Dame weigerte sich, und als ich nicht lockerließ, holte sie ihren Vorgesetzten. Der ebenso freundlich ablehnte, Frau Müller zu behandeln. «Wir dürfen das nicht», erklärte er. «Niemand zahlt das, wir kriegen wahnsinnige Probleme.» – «Wahnsinnige Probleme hat diese Frau», sagte ich. «Und wahnsinnige Schmerzen dazu, das sehen Sie doch! Das ist unterlassene Hilfeleistung, was Sie mit ihr machen. Das geht gegen Ihre ärztlichen Pflichten!» Ich wurde etwas lauter, aber es half nichts. «Sie können zu den Maltesern gehen, die behandeln Leute ohne Versicherungskarte. Wir dürfen das nicht.»

Immerhin gab er uns den Tipp mit den Maltesern. Ich wusste zwar selbst von ihrer Existenz, aber immerhin suchten die beiden in diesem Krankenhaus nach einem Ausweg für Frau Müller. «Malteser Medizin für Menschen ohne Krankenversicherung» ist ein Notnagel, bevor die Leute ganz ohne ärztliche Hilfe bleiben, obwohl auch sie nur wenig mehr als eine Notversorgung durchführen können. Wir kamen an dem Tag nicht mehr dorthin, die Sprechstunde lag in einem anderen Stadtteil. Wir würden es am nächsten Tag versuchen.

Aber konnte das sein? Konnte es sein, dass Frau Müller, weil sie nicht krankenversichert war, nicht mehr behandelt wurde? Dass sich um ihre Arthrose kein Arzt und kein Krankenhaus scherte, dass sie keine Medikamente bekam, dass sie sehen konnte, wo sie blieb mit ihren Schmerzen? Ja, das war so. Ich hatte das schon öfter erlebt.

Auf der Straße und unter armen Menschen leben viele, die nicht krankenversichert sind, aus den verschiedensten Gründen. Kleine Selbstständige, die die Kosten für die Krankenversicherung sparen wollten, Zugewanderte, Privatversicherte, die Schulden in ihrer alten Kasse aufgehäuft hatten und sie nicht begleichen können, oder Obdachlose, die in keiner Kommune angemeldet sind*. Menschen, die wie Frau Müller von ihrer Krankenkasse hinausgeworfen wurden oder nie eine hatten und jetzt sehen konnten, wo sie blieben.

Die ärztliche Versorgung von Menschen ohne Krankenversicherung wird verweigert oder im besten Falle ausgelagert, ins Private, an Vereine, an wohlmeinende Ärzte, die unbezahlt auf der Straße Obdachlose behandeln, oder in solche

* Dazu ein Radiofeature im SWR: swr.de/swrkultur/leben-und-gesellschaft/nur-noch-notversorgung-menschen-ohne-krankenversicherung-swr2-leben-2023-09-28-102.pdf

Einrichtungen wie die der Malteser. Es läuft darauf hinaus, dass die Gesundheitsversorgung, die zu den elementaren Menschenrechten gehört und vom Staat zu gewährleisten ist, für diese Menschen gestrichen und der privaten Charity zugeschoben wird.

Ich bewundere die Ärzte, Krankenschwestern und Krankenpfleger, die einspringen; sie arbeiten an ein paar zentralen Stellen der Stadt, sie rackern sich nach Feierabend oder an ihren freien Tagen ab und bekommen kein Geld dafür. Ich bin froh, dass ich hin und wieder jemanden zu ihnen schicken kann. Aber es sind zu wenige. Und die Lösung liegt nicht darin, dass noch mehr ehrenamtliche Ärzte und Pflegepersonal ihre Freizeit opfern. Die Lösung liegt darin, dass der Staat seine Aufgaben wahrnimmt und die Gesundheitsversorgung der Obdachlosen sicherstellt, damit sie nicht davon abhängig ist, ob sich genügend ehrenamtliche Helfer finden.

Obdachlose – auch jene, die versichert sind – erleben im Krankenhaus häufig noch eine andere Art der Ausgrenzung. Sie werden nach einer Behandlung oft noch schneller als andere wieder vor die Tür gesetzt. Warum? Sie machen zu viel Arbeit, sie haben zu viele Baustellen, womöglich sind sie ungewaschen. Das sprengt den üblichen Rahmen, das überfordert die Fallpauschale. Aber anstatt diesen Rahmen zu erweitern, weil es Menschen gibt, für die er nicht reicht, schmeißt man sie raus. Oft in einem katastrophalen Zustand. Mit offenen Beinen, blutig, vereitert, und mit allen anderen möglichen Leiden, die eigentlich ziemlich leicht versorgt werden können.

Vor einiger Zeit haben wir für Herbert, der kaum noch stehen, geschweige denn gehen konnte, Hilfe gesucht. Seine Beine waren eine einzige Wundlandschaft, ihm drohten eine Blutvergiftung und die Beinamputation.

Wir fanden keine Pflegeeinrichtung oder Krankenwohnung für sein chronisches Leiden. Die Kommunen sind nicht in der Lage, diese dringend benötigten Einrichtungen in ausreichender Zahl zur Verfügung zu stellen. Immer wieder heißt es, es fehlt das Geld. Das mag schon sein. Aber ich frage mich, warum die Kommunen dann nicht auf die Barrikaden gehen und nach Berlin fahren, vors Bundeskanzleramt. Ich bin dabei. Und wir fordern dann gemeinsam von der Bundesregierung, dass diejenigen stärker besteuert werden, bei denen der größte Teil unseres Reichtums landet! Passiert das nämlich nicht, sind die Folgen so brutal, wie sie sind: Herbert ist an seiner nicht lebensbedrohlichen Erkrankung verreckt. Weil sein Leben für weniger wert erachtet wurde.

Auch da steht sie, diese Mauer aus Unverständnis, Gleichgültigkeit und Gewalt, an der sich die Leute den Schädel einrennen, und nichts bessert sich. Eher im Gegenteil.

Bettelverbot und andere Amtsschikanen

Auf dem Wiener Platz und drum herum wird viel gebettelt. Das tun Menschen, weil sie das Geld zum Leben brauchen. Manchen Bürgern und Geschäftsleuten passt es nicht, wenn sie von Bettelnden angesprochen werden oder sie neben ihrer Eingangstür sitzen. «So geht der Stadtteil vor die Hunde», heißt es. Kunden würden vom Einkaufen abgehalten. Touristen würden wegbleiben. Dass viele arme Leute keine andere Chance zum Überleben haben, als zu betteln, scheint normalen Bürgern unvorstellbar. Es ist aber so.

Betteln ist übrigens eine sehr unangenehme Arbeit. Sich in die schwache Position eines Bittstellers zu begeben, vielleicht sogar mehrere Stunden am Tag Gleichgültigkeit und Abscheu auszuhalten, das zehrt an den Nerven. Ich kenne Obdachlose, die sich das niemals antun würden, die lieber Kohldampf schieben, als wildfremde Menschen um Geld anzubetteln.

Gibt es eigentlich Kommunen, die ihren Bürgern erklären, warum Menschen betteln, oder die sie vielleicht sogar vor Verachtung und Häme schützen? Köln hat eine «Kölner Stadtordnung», in der auch etwas über das Betteln steht. Ich habe sie mir im Internet angeschaut. Ausgedruckt habe ich sie nirgendwo entdeckt. Vorab: Von einer Achtung bettelnden Menschen gegenüber ist in dieser «Ordnung» nichts zu spüren.

In einem kleinen Abschnitt der 21 Seiten langen Ordnungsbroschüre denkt die Behörde über das Betteln nach – und über die Menschen, die es tun. Das kann man aus der Liste herauslesen, auf der genau aufgeführt wird, was beim Betteln verboten ist:

- *Aggressives Betteln oder aggressive Verkaufspraktiken, z. B. durch Anfassen, Festhalten, Versperren des Weges, aufdringliches Ansprechen, Errichten von Hindernissen, bedrängende Verfolgung,*
- *Betteln durch bedrängendes Zusammenwirken mehrerer Personen,*

- *organisiertes beziehungsweise bandenmäßiges Betteln,*
- *Betteln, das den Fußgänger- oder Straßenverkehr behindert,*
- *Betteln unter Vortäuschen körperlicher Behinderungen oder sozialer Notlagen,*
- *Betteln durch Einsetzen von Kindern oder durch Kinder,*
- *Betteln durch Einsetzen von Tieren, ohne dass die erforderlichen wahrheitsgetreu ausgefüllten tierseuchenrechtlichen Nachweise mitgeführt werden.**

Mich nervt, dass in diesem kurzen Absatz über das Betteln kein einziger positiver Gedanke steht. Kein Wort, dass diese Form des Broterwerbs eine Form des Überlebenskampfes ist, die man in einer großen Stadt akzeptieren muss. Das könnte man ja auch schreiben. Man könnte schreiben: «Betteln gehört zum Stadtbild. Vom Betteln müssen manche Menschen leben. Wir begegnen diesen Menschen mit Respekt.»

Wie wäre das? Wie wäre es, denen, die betteln oder betteln müssen, mit Respekt zu begegnen? Das würde vielleicht sogar die Boshaftigkeiten aggressiver Bürger reduzieren und auch die Boshaftigkeit aggressiver Mitarbeiterinnen und Mitarbeiter der Ordnungskräfte, die täglich auf die Einhaltung der «Stadtordnung» zu achten haben.

Ich habe leider Ordnungskräfte erlebt, die ziemlich boshaft gegen bettelnde Menschen vorgehen. Sie können sich auf die «Kölner Stadtordnung» stützen, weil die eben nicht von Respekt gegenüber bettelnden Menschen spricht, sondern nur

* https://www.stadt-koeln.de/mediaasset/content/satzungen/spiel_und_bolzplatzsatzung_in_der_koelner_stadtordnung_20170129.pdf

einen mehr oder weniger nebulösen Katalog von «störendem Verhalten» aufzählt, der ihnen vorgeworfen wird.

Besonders das Verbot von *«aggressivem Betteln durch aufdringliches Ansprechen»* ist für Willkür offen. Ja, auch ich kenne die Typen, die einen massiv anquatschen und einem nicht von der Pelle rücken wollen. Die mag ich auch nicht. Aber *«aufdringliches Ansprechen»* – das ist ein weites Feld.

Sabine kam eines Tages weinend zu mir, als ich Essen auf dem Wiener Platz austeilte, und erzählte mir, dass ihr eine Streife vom Ordnungsamt gerade das Geld aus ihrem Bettelbecher abgenommen hätte. Sie sei *«aufdringlich»* gewesen. Das sei verboten. Sabine zeigte mir das Knöllchen, das sie bekommen hatte. Sie sollte in spätestens vier Wochen für die «Begehung einer Ordnungswidrigkeit» fünfzig Euro bezahlen. Nein, nicht fünfzig Euro, sondern 47,79 Euro. Fünfzig Euro minus den Betrag, den die Ordnungsamtler aus ihrem Bettelbecher kassiert hatten, zwei Euro und einundzwanzig Cent. Außerdem erhielt sie einen Platzverweis und durfte sich für 24 Stunden nicht mehr an ihrem üblichen Bettelort aufhalten.

Sabine ist eine sanfte Frau. Sie hat noch nie irgendwen attackiert, nicht beim Betteln und auch sonst nicht. Sabine lebt seit einigen Monaten auf der Straße, und so lange kennen wir uns. Sie hat bei Regen, Sonnenschein, Kälte oder Wärme immer mindestens drei Pullover unter ihrer Jacke an und trägt zwei Hosen übereinander. Sabine friert immer. Ihr letzter Mann hat ihr alle Wärme aus dem Leib geprügelt. Und ihr ungeborenes Kind gleich mit.

Sabine hatte auch an diesem Tag neben ihrem Supermarkt

gestanden, stumm und still wie immer. Sie erzählte mir: «Da ist ein Typ auf mich zugekommen und hat mich gefragt, ob ich mit ihm gehen will. ‹Dann brauchst du nicht mehr betteln›, meinte er, ‹bei mir verdienst du dir zehnmal so viel.› Ich fand ihn ekelhaft, habe gesagt: ‹Hau ab›, und mich weggedreht. ‹Schlampe›, hat er gezischt und ist direkt zu einem Typen vom Ordnungsamt, der mit seinen Leuten auf Streife war. Ich habe mitbekommen, wie er auf sie einredete und auf mich zeigte. Und dann sind sie gekommen.»

Für einen Zugriff von Ordnungsamt oder Polizei reicht es tatsächlich, wenn ein angeblich gut situierter Bürger wie dieser Wohnungslosenfreier behauptet, er sei von einem Bettelnden angemacht worden. Ich habe mehrfach von Obdachlosen gehört, dass die Ordnungskräfte mit genau dieser Begründung gegen sie vorgegangen sind. Ob der gute Bürger schlecht drauf war, ob er sich rächen wollte, weil eine bettelnde Frau sich nicht mit ihm einlassen wollte, wie im Fall von Sabine, oder weil jugendliche Obdachlose zu laut gelacht haben: Die Ordnungshüter scheinen zu glauben, nach einer Bürgerbeschwerde sei Gefahr im Verzug und sie müssten sofort handeln. In keinem solchen Fall, von dem ich erfahren habe, sind die Bettelnden befragt und um ihre Darstellung gebeten worden. Sie erhielten ruckzuck einen Platzverweis. Und wenn sie Pech hatten, wurde ihr Bettelgeld eingezogen, und sie bekamen auch noch ein Knöllchen, also eine Geldstrafe wegen einer Ordnungswidrigkeit aufgebrummt, zahlbar innerhalb der nächsten vier Wochen. Abzüglich der Summe, die im Bettelbecher gewesen war. Man ist ja als Ordnungskraft korrekt hierzulande.

Sabine hatte an dem Tag dreifaches Pech: Geld einkassiert, Geldstrafe bekommen, Platzverweis eingefangen.

Vielleicht würde das nicht passieren, wenn die Stadtordnung den Broterwerb Betteln etwas freundlicher darstellen würde – und damit auch die Menschen, die ihm nachgehen.

Um es noch einmal klarzustellen: Ohne ihr bisschen Bettelgeld können die Leute, die sonst keine Einkünfte haben, nicht mal duschen gehen. Denn auch in den Noteinrichtungen für Obdachlose kostet das Duschen Geld. Und die anderen Dienstleistungen, die dort angeboten werden, kosten auch etwas. Wäsche waschen, Wäsche trocknen, alles kostet. Das billigste Essen kostet auch, zwei Euro etwa, der Kaffee ebenfalls, und wenn es nur 50 Cent sind. Wer die nicht hat, kriegt keinen. So einfach ist das. Und so schwer für alle die, die nichts haben und die deshalb betteln *müssen*.

Sabine macht sich ja schon so klein wie ein Mäuschen. Sie hält die Schnauze, ihren Becher macht sie möglichst unsichtbar. Eigentlich dürfen ihr die Ordnungskräfte nicht an den Karren fahren. Sie beugt sich ja schon, ganz tief, denn sie weiß: Als bettelnder Mensch sollst du nichts sein, eine Null, stumm und dumm, ein Hauch von nur leicht verdichteter Luft am besten. Die Bettelbestimmungen in Köln sind offen für viel Willkür. Das muss nicht sein.

Amtshilfe

Eine Kommunalverwaltung könnte eine grundsätzlich andere Haltung zur Obdachlosigkeit und zum Betteln einnehmen.

Sie könnte beides als Tatsachen akzeptieren. Nicht weil es schöne Tatsachen sind und wir sie wollen. Sondern weil sie nun mal da sind. Und man den Menschen, die in dieser Situation leben, ihr Leben nicht noch schwerer machen muss, als es ohnehin ist. Aber man macht es ihnen schwerer, man lässt sie gegen die Wand laufen.

Ich muss in meiner Arbeit oft Erfahrungen mit Behördenwillkür machen, gerade wenn es um obdachlose Frauen geht. Marlene war im achten Monat schwanger, als ich sie ins Sozialamt begleitet habe. Zuvor war sie dreimal allein dort gewesen. Der Sachbearbeiter hatte ihr jedes Mal die Hilfe verweigert. Sie habe ja gar keinen Platz für das Kind, keinen Platz für Kinderwagen oder Kinderkleidung, sie müsse sich erst mal im Mutter-Kind-Heim anmelden oder ihm wenigstens einen Vertrag darüber vorlegen, dass sie bei irgendjemandem die Kindersachen unterstellen könne. Marlene sollte ihr gesamtes soziales Netzwerk offenlegen und musste befürchten, dass das Sozialamt an Freundinnen oder Freunde herantreten würde, um sie zur Kasse zu bitten. Vielleicht würde der Sachbearbeiter aus Marlene und einer anderen Person eine Lebensgemeinschaft konstruieren oder eine Bedarfsgemeinschaft, in der der eine für die andere aufzukommen hat und das Sozialamt aus dem Schneider ist. Natürlich wollte Marlene das verhindern und ihre Freundinnen oder Freunde nicht ans Messer liefern.

Wir sind also zu zweit rein, ich habe mich als Beraterin vorgestellt. Als Erstes habe ich um einen Stuhl gebeten, vor seinem Schreibtisch stand nur einer. Das war ihm eigentlich schon zu viel. Egal, ich habe ihm dann die einschlägigen Paragrafen genannt, die das Amt zur Hilfe verpflichtet. Er guckte mich mit großen Augen an, ich sehe ja nicht gerade aus wie eine Rechtsanwältin. Aber er wurde unsicher. Ich beharrte freundlich darauf, und erstaunlicherweise wurde er ebenfalls freundlich. Und einsichtig. Marlene bekam ihre Erstausstattung.

Andere Frauen nicht. Über die Sachbearbeiter, die bockig bleiben, beschwere ich mich bei den Vorgesetzten, wenn nötig auch beim Amtsleiter. Schriftlich. Ich rede und schreibe auch ganz offen, dass ich die Presse einschalten werde, wenn es bei der Ablehnung bleibt. Ich bekomme nie eine Antwort auf meine Schreiben. Allerdings läuft es beim nächsten Termin meistens besser.

Für die, die es nicht wissen: Auch arme Schwangere haben ein verbrieftes Recht auf Hilfe, ob sie auf der Straße leben oder nicht. Das kann ihnen auch kein noch so grantiger Sachbearbeiter nehmen. Leider versuchen es solche Typen (manchmal sind es auch Frauen) trotzdem und kommen damit durch, wenn sich die Betroffenen nicht wehren: weil sie kein Deutsch können, weil sie keine Erfahrungen haben oder einfach Angst. Sachbearbeiter, die bei ihren Rechtsbrüchen erwischt werden, müssten meiner Meinung nach eine Abmahnung erhalten und bei wiederholten Rechtsverstößen ihre Kündigung. Aber soweit ich weiß, krümmt ihnen die Behörde kein Haar. Auch den Wiederholungstätern nicht.

Als ich obdachlos geworden bin, brach für mich eine Welt zusammen. Ich hatte meine Wohnung nicht mehr bezahlen können und nicht die Kraft gehabt, mich gegen die drohende Zwangsräumung zu wehren. Dass ich kein Einzelfall war, ist mir erst viel später klar geworden.

Seitdem ich Obdachlose begleite, habe ich oft erlebt, dass die Kommunen Menschen fahrlässig oder sogar bewusst in die Obdachlosigkeit schicken, nicht nur Martha Müller. Das Jobcenter zahlt die Miete nicht, irgendetwas geht schief, Unterlagen sind nicht angekommen, die Akte auf dem Amt ist verschwunden, die Bearbeitungszeiten waren zu lang, irgendwer hat sich nicht korrekt verhalten. Gern wird die Schuld den Betroffenen zugeschoben, ihre angeblich fehlende Mitarbeit wird kritisiert – die Kosten tragen die, die auf der Straße landen.

Die Stadt Köln bietet wie andere Kommunen auch Hilfen bei drohender Zwangsräumung an. Meiner Erfahrung nach ist da allerdings viel Luft nach oben. Häufig dauert es zu lange, bis man einen persönlichen Termin bei der zuständigen Stelle bekommt. Will man die Anträge online ausfüllen, stellt sich das als viel zu kompliziert heraus*. Außerdem haben

* Es gibt einen Fragebogen bei der Stadt Köln, den man ausfüllen kann, wenn man Mietschulden hat, 6 Seiten ist er lang: https://formularserver.de/Koeln_FS/findform?shortname=50-F38_Wohnbes&formtecid=3&areashortname=koeln_html; https://www.stadt-koeln.de/service/produkte/00872/index.html Dem Antrag ist ein dreiseitiges Formular hinzuzufügen, das der Vermieter, mit dem man möglicherweise im

manche ältere oder ärmere Leute gar keinen Onlinezugang. Ein Grundproblem schreckt von vornherein ab: Die aufgelaufenen Mietschulden werden vom Jobcenter in der Regel nur als Darlehen übernommen. Die Schulden bleiben also, nur wechselt der Gläubiger: vom Vermieter zur Stadt. Die genauso erbarmungslos die Schulden eintreibt. Welchem armen Menschen ist damit geholfen?

Aber zuerst einmal wissen Mieter, denen ein Gerichtsentscheid für eine Zwangsräumung ins Haus flattert, gar nicht, bei wem sie Rat suchen sollen. Ich wusste auch nichts von Beratungsstellen. Es fehlten damals und es fehlen bis heute schlicht und einfach öffentlich zugängliche Informationen darüber. Das ist besonders deshalb fatal, weil sich die Leute schämen und sich nicht trauen nachzufragen, etwa bei der Behörde, bei Kirchen, bei Beratungsstellen. An öffentlichen Orten müssten Plakate hängen, was man zu tun hat, wenn die Zwangsräumung droht, es müsste Broschüren geben, die bei Banken oder in Geschäften ausliegen. Aber nichts davon.

Sicherlich wäre es schön, wenn die Nachbarn wacher wären und sich um die anderen Mieter kümmern würden, damit es gar nicht erst zur Katastrophe kommt. Die Regel ist das nicht: Wir wohnen zwar mit anderen im selben Haus, aber sehen uns nicht wirklich. Schlimmstenfalls nehmen wir den Nächsten als Konkurrenten oder sogar Gegner wahr. Ich bin sehr froh, dass es in dem Haus, in dem ich seit zwei Jahren

Streit liegt, unterschreiben muss: https://formular-server.de/Koeln_FS/findform?shortname=50-F04_VermietBesch&formtecid=3&areashortname=koeln_html. Nicht unbedingt lebensnah.

wohne, anders ist. Wir passen aufeinander auf. Jeder hat ein Auge auf die anderen. Vielleicht hat das damit zu tun, dass in diesem Haus nicht nur ich die Erfahrung von Obdachlosigkeit gemacht habe. Auch andere hier wissen, wie gewalttätig es sich anfühlt, wenn einem eine eigene Wohnung vorenthalten wird.

Obdachlos - das sagt sich mittlerweile so einfach. Man hat sich daran gewöhnt, es gibt ja genügend Betroffene, man stolpert an jeder zweiten Ecke über sie. Die Gewöhnung ist schrecklich. Man vergisst, dass die Verweigerung eigener vier Wände wie der Schlag ins Gesicht ist, der Tritt gegen den Körper. Tag für Tag, Nacht für Nacht. Ja, man sieht das nicht. Aber jemandem den Zugang zu einer eigenen Wohnung zu versperren, ist Gewalt. Sie hinterlässt tiefe Spuren an Körper und Seele. Die Folgen treten erst nach und nach zutage: Arme Menschen sterben durchschnittlich zehn Jahre früher als reiche. Obdachlose, die länger auf der Straße gelebt haben, sterben mindestens zwanzig Jahre früher als andere Menschen.

Seit Jahren wird immer mehr Menschen eine Wohnung vorenthalten. Das hat schlimme Folgen nicht nur für die Betroffenen, sondern auch für die Gesellschaft, die dabei zusieht und an deren Rändern die Angst wächst, dasselbe Schicksal zu erleiden.

Wer eine Wohnung sucht oder suchen muss, kommt heutzutage nur schwer zum Ziel. Über irgendwelche Onlineportale erfolgreich zu sein, ist fast ausgeschlossen, besonders wenn man Bürgergeldempfänger ist oder einen Hund hat. Also spricht man höchstpersönlich bei allen möglichen Wohnungsgesellschaften und bei Genossenschaften vor, mindestens ein- oder zweimal im Monat. Man mobilisiert die eigenen Leute, man sucht über Social Media, man klingelt sogar in Häusern, in denen die Fenster einer Wohnung keine Gardinen haben.

Auch hier hören wir immer wieder, es würde an Geld fehlen, um preiswerte Wohnungen zu bauen. Sicherlich, aber dann muss die jahrelange Umverteilung des Reichtums in diesem Land von unten nach oben endlich umgedreht werden. Genug Geld ist da. Es ist bloß in den falschen Händen. Ich bekomme auf der Straße täglich mit, was die Folge dieser Umverteilung ist: Ganz unten werden die Menschen in eine ausweglose Armutskonkurrenz getrieben. Klar, es gibt auch gegenseitige Hilfe, Solidarität. Aber weil die Zahl der freien bezahlbaren Wohnungen gegen null geht, die Inflation bei den existenziellen Gebrauchsgütern steigt und die Hilfe sinkt, wächst die Konkurrenz untereinander um das bisschen, was noch da ist.

Gerd, einer der Stammbewohner auf dem Wiener Platz, erzählte mir, dass jeder seiner Kumpels, fünf Leute insgesamt, nur noch ein paar Cent in der Tasche hatte. «Wir haben das Geld auf einen Haufen geworfen», erzählte er weiter, «aber es hat trotzdem nur für drei Bier gereicht.» Er guckte mich fragend an, ob ich wusste, was er meinte. Na klar wusste ich das. Mir war überhaupt nicht nach lachen zumute, die Lage war bitterernst. Alle brauchten ihren Stoff, Bier, das war ihr Essen und Trinken, ohne ging gar nichts. «Wir haben uns direkt in die Klamotten gekriegt», fuhr Gerd fort. «Einer hat einen Zahn verloren, ich konnte gerade noch verhindern, dass die Bullen kamen. Der das meiste Geld in die Mitte geworfen hat, machte einen Vorschlag, und wir haben uns wieder beruhigt. Er ist los mit dem Geld, dann haben wir das Bier untereinander geteilt.»

Die Gewalt auf der Straße, die Gewalt untereinander, hat zugenommen. Jeder gegen jeden. Je enger die Mauern um sie herum wachsen, desto wütender treten die Eingesperrten aufeinander ein. Das ist mit Händen zu greifen, wenn man in die Notschlafstellen geht.

Wer dort zusammengesperrt wird. In einem Raum! Psychisch Kranke, Drogenabhängige, Alkoholkranke, Verzweifelte, Gewalttäter – viele Obdachlose schlafen deshalb lieber auf der Straße. Wenn ich dann Bürgerinnen und Bürger höre, die sich sicher sind: «Die Penner wollen es ja gar nicht anders!», möchte ich ihnen am liebsten vorschlagen: Geht doch mal selbst da rein! Lasst euch verprügeln oder beklauen, von Bettwanzen stechen oder von Flöhen! Und das in Einfachhotels, für die die Stadt horrende Mieten hinblättert, pro Nacht und Bett 150 Euro und mehr, als wäre es eine Luxusunterkunft.

Die Armutskonkurrenz zeigt sich auf dem Wohnungsmarkt in aller Schärfe. Hier nimmt das Elend seinen Anfang. Und wird immer schlimmer. Die Wohnungsnot in Deutschland hat sich mit dem Zuzug vieler ukrainischer Flüchtlinge seit 2022 noch einmal verschärft. Als die Behörden etliche von ihnen erstaunlich schnell in Wohnungen vermittelt haben, war der Aufschrei bei denen groß, die schon lange auf eine Wohnung warten. «Denen gebt ihr was, unsere Leute lasst ihr auf der Straße sitzen!», hieß es. Ich bekam die Wut über diese Bevorzugung hautnah mit. Von denen auf der Straße, aber auch von Menschen, die schon viel zu lange in unzumutbaren oder zu kleinen Wohnungen oder in viel zu teuren Buden ihr Dasein fristen. Ich kann ihre Wut verstehen.

Auch von den Ukrainerinnen und Ukrainern leben nach wie vor viele ohne eigene Wohnung, sie hausen in Massenunterkünften oder sind bei Verwandten untergekommen, deren Wohnungen – so die Bezeichnung – dann «überbelegt» sind. Aber auch Niedriglöhnern, Armutsrentnern, Bürgergeldempfängern und anderen, die nicht wissen, wie sie am Monatsende überleben sollen, wird seit Jahren nicht wirklich aus ihrem Schlamassel geholfen. Der Reichtum unseres überreichen Landes fließt an ihnen vorbei in die Taschen der sowieso schon Überreichen.

Und wenn an unseren Hungerleidern dann noch ein dickes Bonzenauto mit bulgarischem Kennzeichen vorfährt – drinnen sitzen zwei Schränke mit Goldkettchen, die «ihre» bettelnden Roma abkassieren –, fangen viele Ausgegrenzte an, gegen «die» Ausländer zu stänkern. Ich kann die Wut der Leute verstehen, auch wenn ich ihre Abneigungen nicht teile.

Das hat mit meiner Arbeit zu tun und mit den Menschen, mit denen gemeinsam ich dieser Armutskonkurrenz entgegentrete. Mein wichtigster Freund und Helfer Franco ist Sozialarbeiter und steht seit Jahren Roma und Sinti zur Seite. Einmal im Jahr organisiert er mit ihnen und für sie ein großes Fest. Ich gehe gern dorthin, ein Romamusiker arbeitet mittlerweile für meinen Verein, für HiK.

Wie das zusammenpasst? Mein Verständnis für die Wut «unserer» Armen auf «die» Ausländer und meine Freundschaft mit «Ausländern»? Das passt hervorragend. Für mich gibt es «die» Ausländer nämlich gar nicht. Für mich gibt es

Menschen. Unter denen gibt es Arschlöcher. Mir ist vollkommen egal, ob ein solches Arschloch einen deutschen Pass hat oder nicht, schwarze Haare hat oder blonde, ausländische Eltern, deutsche Eltern oder überhaupt keine Eltern hat. Das hat schon meine Oma so gehalten, damals in unserer Straße. Sie zog den Kindern die Ohren lang, die sich danebenbenahmen, auf Herkunft und Aussehen achtete sie nie. Ich weiß, dass Rassisten das anders sehen. Für die sind alle Ausländer überflüssig und müssen weg. Mit dieser Methode treiben sie die Armutskonkurrenz auf die Spitze, weil sie die Leute ganz unten noch gnadenloser aufeinanderhetzen.

Auf der Straße sieht das dann richtig brutal aus. Ja, es gab schon früher den Schlag in die Fresse, den Tritt im Schlaf, die gehässige, ja bedrohliche Bemerkung beim Betteln: Aber das hat meinem Eindruck nach zugenommen. Es gibt keine Statistik über Gewalt an Obdachlosen, nicht einmal über ermordete Obdachlose*. So kann ich nur aus meiner eigenen Erfahrung sprechen. Und die sagt mir leider: Obdachlose haben von normalen Bürgern mehr Gewalt zu erleiden als je zuvor.

Woran kann das liegen? Ich glaube, dass die Deutschen zu selten gegen die ungerechte Politik auf die Straße gehen. Die «normalen» Leute richten ihre Wut viel zu selten gegen die-

* Die Bundesarbeitsgemeinschaft Wohnungslosenhilfe zählt immerhin seit 1989 die in den Medien veröffentlichten Mordtaten an Obdachlosen auf: https://www.bagw.de/fileadmin/bagw/media/Doc/STA/STA_Gewalt_seit1989.pdf. Diese Aufzählung ist äußerst lückenhaft, aber genauso verdienstvoll wie die Karte, die veröffentlichte Gewaltfälle (auch ohne Todesfolge) gegen Obdachlose im Jahr 2022 enthält: https://www.bagw.de/de/themen/gewalt/karte

jenigen, die für ihre Verunsicherung, ihr Leid und ihre Ohnmacht verantwortlich sind. Obdachlose werden so die Prügelknaben für frustrierte, mutlose und entmündigte Bürger.

Es gibt in Köln Jugendliche und junge Erwachsene, die auf den Partymeilen der Stadt umherziehen, sich über das erträgliche Maß hinaus betrinken und von denen manche dann ihren Frust ablassen, wenn sie an Obdachlosen vorbeigehen. Es ist ein Massenphänomen geworden, nicht weil es alle tun, sondern weil es ständig passiert. Junge Leute beklauen Obdachlose, schlagen sie, nehmen ihnen den Becher mit dem bisschen Bettelgeld ab oder pinkeln sogar auf schlafende Menschen. Auf dem Wiener Platz gab es eine Mode, die zum Glück vorbei ist, Farbe über Obdachlose zu kippen, Wandfarbe aus Farbeimern, die man noch im Keller hatte, irgendwelche Reste.

Solche sinnbefreiten Überfälle finden statt, weil sich die Täter mächtig fühlen wollen. Das sind mehr oder weniger spontane Aktionen. Aber es verabreden sich auch Leute aus der rechtsradikalen Szene, um Obdachlose anzugreifen. Zum Glück hatten wir mit solchen Attacken bislang nicht zu tun.

Ich wäre froh, wenn angesichts eines zusammengebrochenen Wohnungsmarktes, eines zusammenbrechenden Gesundheitssystems, eines wankenden Bildungssystems und eines schwer angeschlagenen Sozialsystems, abzulesen an Kinderarmut und Rentnerarmut, das große Schweigen ein Ende hätte und wir uns nicht mehr in unser angebliches Schicksal ergeben, nicht mehr diese Gewalt erdulden, die man uns antut. Und stattdessen für ein besseres Leben auf die Straße gehen.

Andererseits haben die Rechtsradikalen auch in Frankreich Zulauf, dem Land des Widerstands. Aber werden dort auch so viele Obdachlose ermordet? Ich glaube nicht.

Die Politik

Ich bekam vor ein paar Jahren einen Anruf von einem Mitglied der Linksfraktion im Kölner Stadtrat. «Wir brauchen dich für ein Fachkolloquium, zu dem die Stadt einlädt. Über Wohnungslosigkeit.» Ich hatte schon häufiger mit der Partei zu tun gehabt, weil sie für das Thema Obdachlosigkeit ein offenes Ohr hat. Ich sagte zu, auch wenn ich nicht recht wusste, was da auf mich zukommen würde.

Jedenfalls sehr viele Worte. Unglaublich viele Worte. Und Versprechungen. Und noch mehr Versprechungen. Im März 2022, mitten im zweiten Lockdown, gab es eine digitale Konferenz, auf der die Oberbürgermeisterin eine Eingangsrede hielt und Aktivisten sprachen, z. B. eine Frau von der Kölner Initiative Bauen Wohnen Arbeiten e. V. Sie wies darauf hin, dass sich seit den Sechzigerjahren nichts wirklich verbessert hat. Auch wenn es großartige Einzelprojekte gibt, z. B. die Gründung der Initiative selbst.

Als der Sozialdezernent meinte, der Wohnraum müsse sozial gerecht verteilt werden, deshalb gebe es Sozialwohnungen, musste ich lachen. «Welche Sozialwohnungen?», hätte ich ihn gern gefragt, aber der Chat war schon geschlossen.

Ein Vertreter der Landesregierung trug uns Statistiken vor, die besagten, dass in Köln über die Hälfte der Wohnungslosen weiblich ist und ein Drittel Jugendliche. Mit beiden Zahlen lag und liegt Köln über dem Landesdurchschnitt*. Alles schlimm, alles himmelschreiend, aber er hat das sehr freundlich und ziemlich ungerührt vorgetragen. Ich fühlte mich angesichts der Probleme, in denen die Betroffenen seit Jahren versinken, ziemlich verarscht. Und angesichts der Tatsache, dass sich nichts wirklich zum Besseren wendet. Wo blieb der Aufschrei?

Ich habe weiter mitgemacht, auf etlichen Sitzungen meine Vorschläge eingebracht, von der Gewalt gegen Frauen berichtet und von alten Obdachlosen, die besondere Einschränkungen wie Gehbehinderungen oder Inkontinenz haben und denen gar nicht geholfen wird. Und auch mein besonderes Thema – Obdachlose mit Hunden – habe ich vorgetragen und gehofft, dass sich hier vielleicht endlich etwas ändert. Zumindest gibt es mittlerweile eine Einrichtung in Köln, die diesen Menschen nicht mehr den Zutritt verwehrt, Comeback, eine Notschlafstelle für Frauen vom SkF, dem Sozialdienst katholischer Frauen.

Ich habe auch noch die nächste Konferenz über mich ergehen lassen und wurde mir immer sicherer: Wenn es nicht mehr bezahlbaren Wohnraum gibt, ist sowieso nichts gewonnen. Und wenn den Reichen dafür nicht in die Tasche gegriffen wird, laufen wir weiter hinter den Problemen her, die immer gewaltiger und gewalttätiger werden. Wir verwalten das Elend nur noch, mildern nur die schlimmsten Auswüchse,

* Beitrag von Jürgen Thomas, Regierungsdirektor: https://www.stadt-koeln.de/artikel/71903/index.html#ziel_0_20

reißen uns den Arsch auf, und immer mehr Leute landen auf der Straße.

Von mehr bezahlbarem Wohnraum ist nichts zu sehen. Die Politik liefert trotz dieser alarmierenden Situation nur hohle Versprechungen, mittlerweile fehlen 900 000 Wohnungen in Deutschland. Und einen kommunalen «Masterplan zur Überwindung von Obdachlosigkeit» gibt es in Köln auch noch nicht. Dabei hieß es nach unserem zweiten Kolloquium im Herbst 2022: «Die Ergebnisse fließen nun in den Masterplan zur Überwindung von Wohnungslosigkeit ein, der durch den Rat Ende 2022 beschlossen werden soll.»*

Köln hat ihn bis heute nicht. Das stelle ich im Frühjahr 2024 fest. Aber wie ich höre, wird daran gearbeitet, ein Entwurf liegt wohl vor. Vielleicht ist das auch egal: Berlin hat bereits seit Jahren einen solchen Masterplan**. Bekannte von mir kommen aus Berlin und erzählen, dass dort immer mehr Menschen auf den Straßen leben und schlafen. Papier ist geduldig.

Wir von HiK haben Vorschläge gegen die Obdachlosigkeit gemacht, die fast nichts kosten und sofort umsetzbar sind – die aber nicht angepackt werden. Wir haben z. B. angeregt, dass die Campingplätze rund um die Stadt im Winter geöffnet werden. Man könnte dort vorhandene Wohnwagen anmieten oder neue aufstellen, um Obdachlose darin unterzubringen.

* https://www.stadt-koeln.de/artikel/71903/index.html

** https://www.berlin.de/suche/?q=Masterplan+zur+%C3%9Cberwindung+von+Wohnungs-+und+Obdachlosigkeit+bis+2030

Das wäre besonders für Obdachlose mit Hunden wichtig, die in der kalten Jahreszeit auf der Straße dahinvegetieren müssen, weil in den meisten Notunterkünften der Zutritt mit Hunden verboten ist. An die Kirchen haben wir appelliert, auf ihren Freiflächen Tiny-Häuser aufzubauen und Obdachlosen zur Verfügung zu stellen. Das würde die Zahl der Menschen ohne Dach über dem Kopf deutlich verringern.

Wir bekommen für solche Vorschläge Lob. Aber die Umsetzung scheitert an Vorschriften und fehlendem Geld. Heißt es. Tatsächlich scheitern sie daran, dass sich die Gesellschaft an die Obdachlosigkeit gewöhnt hat. Der Rest ist politisches Unterhaltungstheater ohne Folgen.

Die Polizei

Als ich letzten Sommer am Wiener Platz meine Runden drehte, wurde ich mal wieder Zeugin einer Polizeirazzia. So ein Polizeieinsatz auf dem Wiener Platz ist für normale Bürger kein Problem. Sie sind nicht betroffen. Für sie ist das bestenfalls ein Spektakel, wenn sie überhaupt hinschauen, alles geht ja wie geschmiert ab, und manche merken gar nicht, was da läuft.

Für die Betroffenen ist das anders. Für sie sind solche Razzien ziemlich unschön, manchmal auch brutal. Ich stand oben am Platz, neben mir Clayd, auch er sehr aufmerksam, und sah mir genau an, was da passierte: Vier Polizisten gingen auf einen Obdachlosen zu. Sie umringten ihn, er saß da mit seiner Flasche Bier und schaute hoch. Kann sein, er hat etwas gesagt, viel wird es nicht gewesen sein, denn ehe er sichs versah, zack, rums, lag er auf dem Boden, bäuchlings, wie ein bewaffneter Schwerverbrecher.

Die Polizei ist hart drauf am Wiener Platz, ich kenne das. Es ist ja auch kein schöner Ort für Ordnungshüter: Dealer, Drogensüchtige, Alkoholiker, Obdachlose, manche, die in ihrem Dreck lagern, dazu jede Menge Publikum, das nicht unbedingt polizeifreundlich ist. Aber in diesem Fall gingen sie deutlich zu weit. Als der Mann schon gefesselt am Boden lag, trat eine Polizistin mehrmals mit kräftigen Fußtritten auf diesen Obdachlosen ein. Ihm waren die Hände hinter dem Rücken zusammengebunden, er lag auf dem Bauch! Und sie trat auf ihn ein! Ich traute meinen Augen nicht.

Angeblich gehörten die vier zur Bereitschaftspolizei. Diese kasernierten Polizisten kommen hin und wieder mit mehreren Mannschaftswagen, letztens waren es mindestens fünfzig Beamte, und ziehen ihre Razzia durch. Sie zeigen Präsenz, wie es so schön heißt. Diese Einsatzkräfte sind nach meinem Eindruck darauf gedrillt, Angst und Schrecken zu verbreiten. Wie sie auf den Wiener Platz einfallen, wie sie mit den Leuten umgehen! Ich sehe nur ganz wenige unter ihnen, die menschlich und zurückhaltend auftreten.

Die Polizeiwache des Stadtteils liegt in unmittelbarer Nähe. Es gibt dort Beamte, die in Ordnung sind und mit den Obdachlosen reden wie mit ganz normalen Menschen. Aber auch dort gibt es die Rabauken in Uniform. Die Veedelspolizei ist schon mit einem Auto vorgefahren, in das eine Einzelzelle eingebaut war, und hat Leute hineingestopft. Keine Dealer, keine zur Fahndung Ausgeschriebenen. Sondern Obdachlose, Trinker, ruhige Leute.

Solche Einsätze sollen Obdachlose vom Platz vertreiben. Aber das ist nur die Spitze des Eisbergs. Es fängt bei der sogenannten Vertreibungsarchitektur an. Auch die nehmen normale Bürger kaum wahr. In vielen Städten, so auch in Köln, werden seit Jahren die Sitzbänke auf den «Hotspots» ausgetauscht. Die neuen Bänke sind unterteilt. Mitten auf der Sitzfläche eine stählerne Armlehne, sodass sich niemand mehr ausstrecken kann. Geschlafen werden kann auf so einer Bank, ob tagsüber oder nachts, nicht mehr. Das ist der einzige Zweck dieser neuen Bänke, die sich die Kommunen viel Geld kosten lassen. Vertreibungsarchitektur.

Die Auftraggeber der teuren Vertreibungsmöbel – es sind die zuständigen Politiker oder die zuständige Verwaltung – hätten am liebsten, dass sich die Szene in Luft auflöst. Aber man kann das Problem der Obdachlosigkeit nicht wegradieren wie einen störenden Strich auf einem Blatt Papier. Es nutzt nichts, wenn man die Leute von ihrem angestammten Platz vertreibt. Sie wechseln dann an einen anderen Ort. Mehr passiert nicht.

In diese politische Vorstellung von sauberen Stadtteilen und Plätzen reihen sich die Polizeieinsätze und Razzien ein. Sie verfolgen denselben Zweck: Vertreibung. Sie bekämpfen die Armen, nicht die Armut.

Es ist gut, wenn solche Einsätze kritisch beobachtet werden. Meine Nachbarin hat einmal mit dem Handy gefilmt, wie Polizisten gegen Obdachlose gewalttätig wurden. Sie sollte ihr Handy sofort einpacken. Aber sie war mutig und hat es nicht getan. Ich war richtig stolz auf sie.

Ich habe mich auch selbst schon in eine Razzia eingemischt, mich als Streetworkerin vorgestellt und die Beamten nach dem Ziel ihres Einsatzes gefragt und warum sie so ruppig mit den Leuten umgehen. Ich bin zwar klein, aber mit Clayd neben mir machen wir schon was her. Er schaute die Polizisten prüfend an, zum Glück knurrt er nicht, aber er kuscht auch nicht vor Uniformen. Ich fühlte mich neben ihm sicher genug, um nicht festgenommen zu werden, wegen Widerstand gegen die Staatsgewalt oder so etwas. Der Gruppenführer blaffte mich trotzdem an und verlangte meinen Ausweis. Das war kein Problem, den hatte ich dabei und fing an, von meiner Arbeit zu erzählen und dass die Obdachlosen hier auf dem Wiener Platz ziemlich harmlos sind. Er schnitt mir das Wort ab und forderte mich auf, ihre Arbeit nicht zu stören. Das sei halt von oben so angeordnet.

Trotzdem war meine Anwesenheit wichtig, ich konnte immerhin die Übergriffe und unangemessen harten Maßnahmen bezeugen, weil ich sie mit eigenen Augen gesehen habe. Das haben wir von HiK auch schon öffentlich kritisiert und damit die Polizei in Erklärungsnöte gebracht. Denn bei besonders aggressiven Razzien werden die Leute wahllos durchsucht, bis auf die Unterhose, in aller Öffentlichkeit, ohne Sichtschutz. Das ist sehr entwürdigend für sie. Dass die Polizei ihre Macht so ausübt gegen hilflose Menschen, die nichts dagegen tun können, weil sie in diesem Augenblick rechtlos sind, finden dann auch andere nicht in Ordnung. Sie verstehen nicht, warum die Opfer einer solchen Razzia wie der letzte Dreck behandelt werden, und stimmen uns zu, dass bei solchen Einsätzen das Gebot der Verhältnismäßigkeit grob verletzt wird.

Auch mein Kollege Franco hat sich in so eine Razzia eingemischt. Auch er wurde ruppig aufgefordert, zur Seite zu gehen und die Polizeiarbeit nicht zu stören. Franco weigerte sich, er habe als Sozialarbeiter ebenfalls einen Auftrag. Die Sache drohte zu eskalieren, ihm wurde ein Platzverweis für die nächsten 24 Stunden angedroht, sollte er nicht sofort verschwinden. Franco gab als der Klügere nach.

Wir merken bei diesen Razzien, wo das Problem ist: Viele Bürger und Ordnungskräfte verstehen nicht, dass Obdachlose Menschen sind, die für kürzere oder längere Zeit einen anderen Lebensweg eingeschlagen haben oder einschlagen mussten. Mehr ist es nicht. Obdachlose bleiben dennoch Menschen, mit denen besonders die Ämter und die Ordnungsbehörden genauso menschlich umgehen sollten wie mit ihresgleichen. Eigentlich ist es ganz einfach.

VIII. Bei meinen Leuten

Franco Clemens, der wichtigste Mensch an meiner Seite, schlug mir letztens vor, ich solle mich zurückziehen von der Straße, wegen meiner Gesundheit, meiner Kurzatmigkeit, meiner COPD. Das war lieb gemeint, aber ich wurde ärgerlich. Er weiß doch, dass ich die Straße brauche, sie hat mein Leben geprägt, von Kind an! «Die Straße», habe ich zu ihm gesagt, «wirst du nie aus mir rauskriegen. Die brauch ich zum Leben.»

Einen Tag später war ich wieder auf dem Wiener Platz. Ich setzte mich hin, etwas außer Atem, sah meine Leute, einer kam auf mich zu, fragte, wie es mir gehe. Wir redeten. Nicht viel, ein paar Worte, ein paar Sätze. Das bin ich. Ich kann Vorträge halten, aber das ist nicht Linda. Linda ist bei den anderen auf der Treppe sitzen, Kaffee schlürfen, vorher ein paar Stück Zucker rein. Ich brauche die Menschen von der Straße.

Straße ist anders leben

Egal wie verbogen, wie kaputt, wie brutal: Auf der Straße leben riecht nach Freiheit. Ich sage nicht, Straße *ist* Freiheit. Sie *riecht* nach Freiheit. Nicht der Asphalt. Der stinkt. Und der Dreck, der sich hineinfrisst in diese aus der Ferne so glatte Oberfläche: Der stinkt auch. Trotzdem riecht die Straße nach Freiheit. Weil du dort mit nichts mehr etwas zu tun hast. Die ganzen Verantwortungen, Verpflichtungen, Wichtigkeiten – sie bleiben hinter dir, haben keine Bedeutung mehr. Die auf der Straße haben mit unserem Alltagsstress nichts zu tun. Sie sprechen über Themen, die davon unbelastet sind. Und unbelastet von den Menschen, die den großen Verpflichtungen weiter hinterherhecheln. Die auf der Straße sind mit ihresgleichen beschäftigt. Oder nur mit sich. Die anderen sind da, wenn du willst, und geben dir ein Gefühl von Zugehörigkeit. Ich weiß, wie brüchig dieses Gefühl ist. Es ist trotzdem da und besänftigt die Angst.

Wenn du irgendwann von der Straße runterkommst, wieder in eine Wohnung, in den normalen Alltag – dann hast du erst den kleinsten Schritt getan. Denn du musst die Straße noch aus dir herausschneiden. Sie hat sich in dich hineingefressen. Sie hat dich abhängig gemacht. Sie war das Bollwerk gegen den normalen Alltag, in dem dich die Verpflichtungen zerreißen. Er hat dich deshalb fast vernichtet und will dich schon wieder vernichten. Straße ist Ausweg. Straße ist wie Droge.

Viele, die ich von der Straße kenne und die den Absprung geschafft haben, suchen immer wieder den Kontakt dorthin, sie suchen ihre Leute, sie wollen diesen speziellen Geruch nach Freiheit einsaugen, sie wollen das In-den-Tag-hinein-Leben wieder schmecken. Allerdings besteht die Gefahr eines schweren Rückfalls. Die Straße saugt dich ein. Es ist eine Kunst zu widerstehen.

Ich kenne auch die, die heilfroh sind, von der Straße weg zu sein. So froh, dass sie schnell und dauerhaft abschließen mit diesem Lebensabschnitt und auf keinen Fall mehr Kontakt zu den Leuten auf dem Asphalt haben wollen. Ich gehöre nicht zu ihnen. Ich bin treu, eine treue Seele. Ich denke zweiundvierzig Jahre nach dem Tod meiner Oma jeden Tag an sie. Ich kann auch ohne die Straße und ohne die Leute der Straße nicht sein.

Darf man das sagen? Darf man überhaupt über die positiven Seiten des obdachlosen Lebens sprechen? Ich spiele damit doch denen in die Hände, die überall herumkrakeelen: «Die wollen es ja nicht anders! Was kümmern sie uns?»

Wenn das Leben so einfach wäre. Vielleicht hilft ein Vergleich: Reinhold Messner hat alle Achttausender bestiegen, wäre dabei mehrfach fast verreckt, ist gerettet worden und hat immer weitergemacht. Für uns ist die Straße gespickt mit Achttausendern. Man sollte uns genauso wenig verrecken lassen, wenn wir Hilfe nötig haben.

Okay, der Ausgangspunkt ist ein anderer. Messner wollte aus eigenem Willen auf die Berge. Neunzig Prozent von uns wollen nicht aus eigenem Willen auf die Straße. Aber dann sind wir doch dort gelandet und haben eine Zeit lang dort gelebt. Die meisten können diesen Lebensabschnitt nicht einfach aus ihrem Bewusstsein löschen, auch wenn sie wieder von der Straße runter sind.

Das liegt sicher auch daran, dass du dich in dieser Zeit ständig um dich kümmern musst. Wenn du auf der Straße lebst, musst du jeden Tag überlegen, wo geh ich jetzt aufs Klo, wo geh ich duschen, wo krieg ich was zu essen, wie organisier ich mir das Geld dafür, wo bleib ich diese Nacht? Alles dreht sich um das Existenzielle – nur noch um das Existenzielle. Was darüber hinaus geht, ist ohne Bedeutung, verschwindet aus deinem Blick, interessiert dich nicht, belastet dich nicht, entpuppt sich als Ballast. Du hast ihn abgeworfen. Das macht dich leicht und vogelfrei, das ist der Geruch von und der Geschmack nach Freiheit.

Aber auch das nackte Überleben zu sichern, kann dir schnell zu einer Last werden, ich weiß es. Du realisierst: Nicht einmal das Existenzielle, auf das du früher kaum geachtet hast, ist dir sicher. Die Angst fasst dich, selbst das Lebensnotwendige könnte dir entgleiten, und du denkst: jetzt eine eigene Wohnung, Tür zu, dein Bad, dein Klo, auf die Couch legen, deine Ruhe. Die meisten haben sehr bald diesen Wunsch, wieder in einen Zustand zurückzukehren, in dem das Existenzielle gesichert ist, auch wenn es nur so scheint. Ich kann das gut verstehen, ich wollte vom ersten Tag an auf der Straße wieder weg, nach Hause. Oder, weil es das nicht mehr gab, in ein anderes Zuhause.

Aber als ich es dann geschafft hatte, wurden mir die üblichen Verpflichtungen irgendwann wieder zu viel, ich spürte die Faszination, die von der Straße ausgeht, erneut. Ich wollte wieder frei sein. Dieses Hin und Her kenne ich von vielen.

Es sind gegensätzliche Sehnsüchte, die die Leute umtreiben. Nichts Schlimmes, andere pendeln zwischen rauchen und nicht rauchen, zwischen irgendwelchen Hobbys oder machen Extremsportarten. Eine Gesellschaft sollte das aushalten können. Uns auch.

Ah, richtig, ich vergaß: Wir leisten ja nichts. Anders als der Bergsteiger, der den Weg für die Trampelpfade auf den Mount Everest frei macht, auf denen Horden von Gipfelstürmern die letzten unberührten Flecken der Natur zerstören. Oder der Schachweltmeister, dem wir im Fernsehen beim Türmeverrücken zuschauen und der am Ende selbst verrückt in der Klapse landet. Solche Leistungen haben wir nicht zu bieten. Wir erinnern höchstens daran, dass der Mensch ein Mensch ist. Und manchmal gar nicht schön aussieht, ich gebe es zu.

Ich bin weit davon entfernt, die Straße zu idealisieren oder zu beschönigen, was dort an Schrecklichem passiert. Deshalb arbeite ich ja dort. Nur kenne ich auch diese hellere Seite, die die Menschen dort Menschen sein lässt, nur auf eine andere Art und Weise. Man sollte das nicht verschweigen.

Das ist mein Job

Ich weiß besser als viele Bürgerinnen und Bürger, wie sich das Schreckliche auf der Straße anfühlt: offene Beine. Schwarze Stumpen im Mund statt Zähne. Abgefrorene Zehen. Alkohol oder andere Drogen, die die Leute sabbern lassen, irre machen. Gewalt, Gewalt und noch mal Gewalt, untereinander und von außen. Da scheint nichts Helles mehr durch. Krass, diese Widersprüche auf der Straße.

Deshalb handle ich. Ich muss abliefern, das ist mein Job,

auch wenn er freiwillig ist und unbezahlt: Ich rede, ich berate, ich tröste, ich bring mich ein, ich habe Verständnis, ich schimpfe. Und kriege selten eine Rückmeldung, ob ich das gut oder richtig gemacht habe. Oder schlecht. So sind die Leute auf der Straße nicht drauf. Sie nehmen. Wenn sie etwas haben, geben sie auch. Ohne viel Aufhebens davon zu machen.

Die Tage kam einer zu mir, der fragte mich, ob ich ihm helfen könne. «Ich bin beklaut worden, alles weg», sagte er, «das ganze Geld, das ich mir zusammengeschnorrt hatte. Da wollte ich Sommerlatschen von kaufen, fünf Euro hatte ich. Jetzt habe ich gar nichts mehr. Weißt du, wo ich Schuhe herkriegen kann?» Er zeigte auf seine. Die hatten nur noch Löcher, durch die nicht nur seine Zehen schauten – unter einem Schuh flatterte die Sohle wie der Flügel einer Taube. Ich habe ihn nicht in irgendeine Kleiderkammer abgeschoben, wo er sich unter den elenden Tretern eine paar nicht ganz so elende hätte aussuchen dürfen, sondern ihn am nächsten Tag mit in ein Schuhgeschäft genommen und ihm für vierzig Euro ein paar neue Schuhe gekauft. Er war glücklich. Der Mann lebte in einer Gartenlaube, ohne Strom, ohne Wasser, und hatte jetzt neue Schuhe, die ihm passten. Er wird sie hegen und pflegen.

Ich bin froh, dass unser Verein nur von Spenden lebt und Geld für solche Hilfen zur Verfügung stellt. Ich muss mich gegenüber keiner Obrigkeit rechtfertigen, dass ich Geld für eine paar vernünftige Schuhe ausgegeben habe. Na klar, ich bin meinen Mitgliedern Rechenschaft schuldig. Und dem Finanzamt, weil wir unsere Gemeinnützigkeit immer wieder neu beantragen müssen. Aber städtische Behörden, Stiftungen oder große Sponsoren, denen gegenüber ich jeden ausgegebenen

Cent rechtfertigen müsste, gibt es bei uns nicht. Das erleichtert unsere Arbeit ungemein; deshalb können wir oft spontan und flexibel auf die Bedürfnisse unserer Leute eingehen.

Franco Clemens ist seit Corona mit mir auf dem Wiener Platz. Er saß während des Lockdowns beschäftigungslos in seiner Wohnung. Aber Sozialarbeit – und Franco ist Sozialarbeiter mit Leib und Seele – geht nur draußen, nicht im Homeoffice. Er hatte schon nach drei Tagen keinen Bock mehr, untätig zu Hause rumzuhängen, und fragte mich, ob es okay wäre, wenn er mir ein bisschen zur Seite steht und Obdachlosenarbeit macht. Ich war begeistert, hatte ich doch jahrelang an ihm herumgebaggert. Immerhin ist er der bekannteste Streetworker in Köln und seit über dreißig Jahren unterwegs. Ich wollte ihn schon längst zu HiK kriegen, aber er hatte mich immer auflaufen lassen: zu viel zu tun. «Mit Kusshand», sagte ich und war glücklich. Damals begann unsere intensive Zusammenarbeit, und sie hält bis heute an.

Franco ist ein Herzensmensch, das merken die Leute. Er hilft ohne große Sprüche. Er ist immer fair, haut keinen in die Pfanne. Er kann deeskalieren, er sieht, wo Stress entsteht, geht rechtzeitig dazwischen. Und wir arbeiten immer auf Augenhöhe mit unseren Leuten, nie von oben herab.

Das sagt sich so einfach. Der Ton auf der Straße ist rau, ruppig manchmal, sogar unverschämt. Das machen wir allerdings nicht mit. Der Respekt muss beiderseitig sein, der Tonfall muss auf beiden Seiten stimmen. Einer unserer Stammkunden, ich nenne ihn mal Paul, neigt zu Schimpftiraden. Auf alle und jede. Auf uns auch. «Du hast doch genug Geld, schieb mal was rüber, du bist dich doch nur selbst am Mästen», begrüßte er mich mal mit zusammengezogenen Augenbrauen. Er hatte Durst, war sogar schon fast in Panik, ich sah es sofort. Aber da war für mich Ende. «Paul», hab ich gesagt, «komm runter, dann können wir reden. So nicht.» Und bin gegangen.

Franco achtet genauso wie ich auf einen anständigen Umgangston. Er beendet ein Gespräch sofort, in dem jemand mit Beleidigungen kommt. Die Leute müssen dann erst mal schlucken, aber es imponiert ihnen. Wir sind eben nicht die Helfer, die sich auf die Schulter klopfen, was sie wieder Tolles getan haben, egal ob sie dafür verbale Prügel beziehen oder nicht. Wir reden ganz normal mit den Menschen auf der Straße. Und wenn jemand drüber ist, dann eben nicht.

Franco war früher Straßenmusiker. Er ist durch ganz Europa getingelt, hat den rauen Charme der Straße kennengelernt, ihn eingeatmet und ihn zu seinem Markenzeichen gemacht. Die Straße hat ihn zu einem Pragmatiker geformt, der den Leuten trotzdem zugewandt ist. Franco versucht immer Lösungen zu finden. Ich verdanke ihm sehr viel, er hat mir mit seiner Erfahrung und mit seiner Professionalität auch gezeigt, dass man unterscheiden muss zwischen persönlicher Beleidigung und Kritik und dass man Kritik nicht immer auf sich beziehen sollte. Da findet jemand etwas scheiße, er flucht, er geht auch mich an. Früher habe ich wie im Reflex auf Gegenangriff geschaltet. Heute frage ich mich, was ist wirklich schlimm an dem, das der andere da erzählt? Worum geht es eigentlich? Kann ich etwas ändern? Ich konzentriere mich also auf das Problem, unabhängig von der Wut, die im Spiel ist und von der ich vielleicht gerade etwas abkriege.

Die Straßenkulturszene ist nicht gerade zartbesaitet. Zu ihr gehören alle Menschen, denen die Straße so etwas wie ein Zuhause ist. Für die einen ist sie das Wohnzimmer, in dem sie sich jeden Tag aufhalten, andere versorgen sich dort täglich mit dem nötigen Bettelgeld, ein Dritter macht seine Geschäfte, dem Vierten hilft die Straße gegen seine Einsamkeit, er findet hier immer einen Gesprächspartner.

Zartbesaitet ist die Straße deshalb nicht, weil Gesäusel nicht weiterhilft, wenn man ums Überleben kämpft. Da heißt es Ja oder Nein, für Zwischentöne ist nicht viel Platz, manchmal gar keiner. Das ist nicht immer angenehm. Aber mit dieser direkten Art kann ich viel anfangen. So ging es auch bei uns in der Siedlung zu, in der ich aufgewachsen bin. Meine Oma war von ähnlichem Kaliber. In meiner Kindheit herrschte manchmal eine so brutale Ehrlichkeit, dass es wehtat. Bei Ehrlichkeit und Direktheit bin ich geblieben. Beides pflegen auch die Leute auf der Straße. Man weiß schnell, woran man ist.

Ich muss gar nicht laut sagen, dass ich obdachlos war. Die Leute merken das, die meisten wissen es ohnehin. Wir haben deshalb eine große Berührungsfläche. Mir erzählen sie ganz andere Sachen als einer wohlsituierten Hausfrau, die sich entschieden hat, Obdachlosen beizustehen. Wenn sie jemandem mit einem Lächeln eine Suppe anreicht, berühren sich die beiden Menschen nicht: die, die gibt, und der, der nimmt. Der Obdachlose bekommt die Schale oder den Teller und geht weiter. Er fühlt sich nicht wirklich gesehen. Das ist nicht schlimm, das ist der Frau, die da hilft, nicht vorzuwerfen. Sie macht ihren Helferjob, sie teilt Suppe aus und Punkt.

Ich frage mich manchmal, kann jemand die Straße verstehen, der sie nicht selbst erlebt hat? Kann jemand die Ängste und Hoffnungen der Menschen dort begreifen, wenn er sie nicht selber durchgestanden hat? Man kann sich viel anlesen, empathisch sein, sich die Geschichten der Leute anhören, an den eigenen Vorurteilen arbeiten. Aber es fehlt immer etwas. Es fehlt die gleiche Erfahrung, die auch durch noch so viel guten Willen nicht zu ersetzen ist.

Es ist vielleicht wie in einer Frauenberatungsstelle, in der ein Mann nicht so tätig sein kann wie eine Frau. Oder wie in einer Anlaufstelle für kriegstraumatisierte Soldaten, in die ein Pfarrer sich nicht wirklich einfühlen kann. In beiden Fällen hat die gut gemeinte Hilfe Grenzen. Sie ist bestimmt eine Menge wert. Aber dringt sie zum Kern vor?

Bei den Essensverteilungen für Obdachlose, zumindest in den großen Städten, gibt es ein zweites Problem. Sehr oft sind es Mammutprojekte, die da auf die Beine gestellt werden. Das ist sicherlich dankenswert, es gibt ja auch viel Not. Aber es macht die Situation noch fremder, noch anonymer. Wenn zweihundert, zweihundertfünfzig Menschen zum Essenabholen anstehen, drängeln, Sorge haben, dass sie nichts mehr abkriegen, dann bleibt keine Zeit für ein Gespräch. Vielleicht danach, wenn die Leute satt sind, wenn abgebaut wird, aber dann wird eben abgebaut, und die Helferinnen und Helfer haben anderes im Kopf, und die Bedürftigen gehen schon wieder ihrer Wege.

Wir vermeiden solche Großereignisse und achten darauf, dass wir nur um die fünfzig Leute versorgen. Alle zwei Wochen machen wir das. Wir nehmen uns dafür viel Zeit. Wir entzerren die Essensausgabe. Einige Ehrenamtler verteilen das Essen, ich selbst setze mich auf die Treppe, habe unsere Kaffeekiste mit dem Kaffee, manchmal noch was Süßes dabei, schiebe mir ein Kissen unter den Hintern und warte. Wenn einer vor mir steht, frag ich ihn: «Und, kriegst 'nen Kaffee?» Und er sagt: «Hallo, Linda, wie geht's dir? Hör mal, weißt du schon das Neueste? Weißt du, was mir passiert ist?» Dann setzt er sich zu mir, und wir trinken beide unseren Kaffee.

Wenn er mir irgendwann sagt: «Ich hab da ein Problem ...» Und stockt ... Dann schaue ich ihn an und ahne schon, wo sein Problem liegt. Er braucht sich gar nicht lange zu erklären. Er hat das ja gerade angedeutet, hat gerade scheinbar nur so dahingesagt: «Letzte Nacht war es wirklich kalt.» Also weiß ich, was er meint. Ich weiß, wie sich das anfühlt, eine kalte Nacht, weil ich mich selbst durch viele sehr hindurchgefroren habe. Ich weiß, er will nicht betteln, und sage zu ihm: «Du brauchst einen neuen Schlafsack.» Er lächelt. Es ist nicht nur mein Hinweis auf den Schlafsack, der ihn zum Lächeln gebracht hat. Es ist unser Zusammenspiel. Unser Einverständnis. Wir berühren uns.

Ich habe nichts gegen die großen Projekte, im Gegenteil, sie sind bitter nötig. Aber wir dürfen uns nicht damit begnügen. Es reicht nicht, zu meinen, die Leute sind satt, und gut ist. Der Mensch lebt auch auf der Straße nicht vom Brot allein. Er lebt auch vom Zuhören, von der Zuwendung, vom Verständnis und davon, dass er als Gleicher unter Gleichen behandelt wird.

Wir reden den Leuten trotzdem nicht nach dem Mund, wir

machen nicht auf Friede, Freude, Eierkuchen, wir arbeiten konfrontativ mit ihnen. Wir halten ihnen ihre Situation vor Augen und sagen ihnen: «Na weißte, wenn du ein paar Bier weniger trinken würdest, wär es vielleicht ein bisschen einfacher.» Wir drücken ihnen öfter einen klaren Spruch rein, halb lachend, halb ernst gemeint, und sagen ihnen: «Jetzt geh mal langsam in die Entgiftung, sonst wird das nichts mehr mit dir.» Sie wissen, dass wir recht haben.

Aber wir erziehen die Leute nicht. Wir behandeln sie nicht wie unmündige Kinder. Wir behandeln sie wie Erwachsene, wie unseresgleichen. Jeder auf der Straße lebt sein eigenes Leben, hat seinen eigenen Willen. Ich kann ihm Vorschläge machen, einen Weg aufzeigen, ihm die Hand reichen. Sich hochziehen und gehen muss er selbst.

Solche Gespräche finden auf dem Wiener Platz in aller Öffentlichkeit statt. Wir haben kein Büro und keine Möglichkeit, uns mit Ratsuchenden zurückzuziehen. Das ist manchmal ziemlich ätzend. Deshalb wollten wir schon vor Jahren einen Beratungscontainer auf dem Platz aufstellen, in dem man ohne Zuhörer oder Zuschauer reden kann. Unsere Idee wurde mit dem üblichen Argument zurückgewiesen: Wenn wir die Straße für die Obdachlosen angenehmer gestalten, kommen immer mehr. An dieser dummen Gemeinheit sind wir gescheitert, unser Vorschlag fand keine Mehrheit in der Politik. Wir kannten das ja schon, es ist dieselbe Gemeinheit wie bei der Vertreibungsarchitektur und den Polizeirazzien.

Dann hatten wir auf ein Ladenlokal gehofft, ganz in der Nähe des Platzes. Es steht schon lange leer. Aber der Vermieter ließ es weiter leer stehen, wahrscheinlich will er das Haus entmieten und spekuliert auf fetten Reibach. Politik und Verwaltung waren nicht bereit, ihm den Leerstand zu verbieten.

Andererseits ist es vielleicht gut, dass dieses Vorhaben gescheitert ist. Denn viele Obdachlose gehen ungern in feste Einrichtungen. Manche setzen nie einen Fuß dorthinein. Wir sind es, die Helferinnen und Helfer, die sie aufsuchen müssen. Man muss hin zu ihnen und fragen: «Wie geht's dir? Was steht an?» Und nicht in irgendeinem Büro auf sie warten.

Vor Kurzem kamen wir auf die ultimative Idee: ein Wohnmobil! Ein Wohnmobil, das nicht fest auf dem Platz installiert zu werden braucht, sondern immer wieder anrollt wie der Wochenmarkt. Da könnten wir dann rein, Tür auf, Tür zu, vertrauliches Gespräch, Kaffee dabei, vorher genug Zucker rein. Diese Idee ist noch nicht geplatzt, sie liegt allerdings auf Eis. Die Finanzierung ist noch ungelöst, eine Erlaubnis nicht mal beantragt, der Anschluss von Wasser und Strom eher unwahrscheinlich, auch wenn der Luxus sehr von Vorteil wäre. Händewaschen zwischendurch kann nämlich richtig schön sein, wenn du Stunden auf der Straße gehockt hast. Aber vielleicht bewegt sich da noch was.

Faszinierende Menschen

Die Straßenkulturszene am Wiener Platz hat wie an jedem Hotspot viele Gesichter. Wer nur vorbeihastet, sieht sie nicht. Wer nicht hinschauen mag, weil er die ganzen Gestalten gruselig findet, auch nicht. Ich schaue gern hin. Ich nehme mir die Zeit. Und sehe faszinierende Menschen.

Mir begegnet zum Beispiel fast täglich einer von der alten italienischen Garde, ich nenne ihn Stefano. Er ist nicht obdachlos, er hat eine kleine Wohnung ganz in der Nähe. Kohleofen, Klo auf der halben Treppe, Kleinstmiete. Aber seine Rente ist noch kleiner, er geht Flaschen sammeln auf dem Platz und drum herum, zwei- oder dreimal am Tag. Er nimmt nur Plastikflaschen und Dosen. Da stehen Aufwand und Ertrag in einem besseren Verhältnis. Er ist immer elegant angezogen, er trägt ein Jackett, oft einen Anzug, darunter gern ein helles Hemd, meistens hat er einen Schlips umgebunden. Okay, die Ärmel seiner Anzugjacke oder des Jacketts sind etwas abgestoßen, es fehlt schon mal ein Knopf, die Hemdkragen sind nicht ganz sauber. Aber die Hosen sind gebügelt, das macht er selbst, er verwendet viel Energie darauf und kriegt das perfekt hin.

«Signora», begrüßt er mich mit einer leichten Verbeugung und stellt seine große Plastiktasche mit dem Leergut ab. Dann ergreift er meine Hand – ich wusste beim ersten Mal gar nicht, was er wollte –, führt sie zum Mund, beugt den Kopf noch ein wenig tiefer und deutet einen Handkuss an. Er berührt meine Hand nie mit seinen Lippen, er macht es so, wie es sich gehört. Wir wechseln ein paar Worte über das Wetter, über die Zeiten, über die Preise. Dann ergreift er erneut meine Hand, sagt wieder «Signora», deutet wieder seinen Handkuss an, nimmt seine Tasche und geht.

Ein anderer heißt Bomber. Er ist der Bürgermeister der Platte. Schon immer ist er da gewesen, und vermutlich wird er immer da sein. Anders als sein Name vermuten lässt, regiert er nicht mit harter Hand, schlägt nicht zu oder fuchtelt mit irgendwelchen Waffen herum. Den Namen Bomber hat er wohl abgekriegt, weil er ein bombiger, ein toller Typ ist. Ich weiß es nicht genau, er war schon vor meiner Zeit da.

Bomber hat einen positiven Einfluss auf die Straßenkulturszene. Er ist sehr sozial eingestellt, schaut, wie es den Leuten geht, achtet darauf, dass sie sich untereinander nicht zu sehr in die Klamotten kriegen, er macht das sehr diplomatisch. Diplomatie ist wichtig auf Platte. Bomber drängt auch darauf, dass hin und wieder geteilt wird, dass das bisschen Geld, das einer hat, in die gemeinsame Kasse kommt, zum Beispiel, wenn Alkohol gekauft werden muss. Das soziale Miteinander in der Straßenkulturszene hängt von solchen Leuten ab.

Bomber war früher in der Punker- und Hausbesetzerszene unterwegs. Seit wir uns kennen, ist er unser Ansprechpartner für die Presse, auch das keine Selbstverständlichkeit. Viele Obdachlose reden nicht mit den Medien. Er schon. Wir sind deshalb eine der wenigen Organisationen, die jederzeit mit Journalisten auf den Wiener Platz gehen können. Auch andere reden, denn sie wissen von uns, dass wir nur mit Journalisten kommen, die sich korrekt verhalten. Wenn zum Beispiel jemand nicht erkannt werden will, dann wird er gepixelt. Darauf können sich alle verlassen, das hat Vertrauen geschaffen und erlaubt den Leuten, offen zu sprechen.

Auch Bomber hat seine Probleme, nicht nur weil er auf Heroin ist. Irgendwann brauchte er mal sehr viel Hilfe, weil er sehr viel konsumiert hatte und man zugucken konnte, wie er allmählich auseinanderfiel. Er musste endlich zum Arzt, war aber schon nicht mehr in der Lage, Termine einzuhalten. Wir haben ihn erinnert, ihn überzeugt, bei ihm gestanden, bis er den Sprung gemacht und den Arzt tatsächlich aufgesucht hat.

Er ist zwar nicht vom Heroin runter, hat aber seinen Drogenkonsum wieder reduziert. Er hat außerdem mit dem Rauchen aufgehört und sich mal wieder mit der Frage beschäftigt, was er denn vom Leben will. Früher hat er in einer Fahrradwerkstatt gearbeitet. Davon erzählte er oft, und eigentlich würde er das gern wieder machen. Wir haben gemeinsam eine Arbeitsbeschaffungsmaßnahme an Land gezogen, er schraubt jetzt stundenweise an Rädern rum. Was für ein toller Erfolg! Seine Wohnung war ein weiteres Thema. So gut er seinen Bürgermeister machte, so schlecht war er zu Hause. Die Wohnung musste dringend in Ordnung gebracht werden, es schimmelte schon in den Ecken. Das haben wir mit anderen aus der Straßenkulturszene hinbekommen, die zu solchen Arbeiten noch in der Lage waren. Heute ist die Wohnung in Ordnung. Ich liebe solche kleinen Schritte zum Besseren!

Siggi ist Malerin. Oder war es zumindest und hat davon etwas in ihr Leben auf dem Wiener Platz gerettet. Sie sitzt nie ohne Skizzenblock oder Kladde da, steht nie ohne Skizzenblock auf, geht nie ohne Skizzenblock, sie zeichnet immer: Menschen, Vögel, Hunde, Ratten – alles, was so herumläuft, herumstolziert, herumhuscht auf dem dreckigen Asphalt. Siggi spricht nicht, sie zeichnet. Nicht dass sie nicht sprechen könnte. Sie will nur nicht. Seltene Ausnahmen bestätigen die Regel. Wenn sie spricht, ist es ihr sehr wichtig. «Die Taube hat einen gebrochenen Fuß», sagt sie dann. Oder: «Dahinten ist das Rattenloch.» Oder: «Ich spreche alle Sprachen.» Diese Aussage hat mich am meisten verblüfft. Sie merkte das und lächelte. Nahm ihren Stift und skizzierte ein Gesicht. Ich nickte, ah, so meinte sie das.

Siggi lässt niemanden an sich ran, sie ist Einzelgängerin. Aber sie gehört zum lebenden Inventar des Platzes. Wenn sie nicht da ist, machen sich die anderen Sorgen und hoffen, dass ihr nichts zugestoßen ist. Wenn sie wiederkommt, sind ihre Haare anders gefärbt, nicht rosa, sondern lila oder grün. Ich würde sie gern überreden, mal eine Ausstellung ihrer Skizzen zu machen, einige haben mich sehr beeindruckt. Aber so weit ist es noch nicht. Vielleicht demnächst.

Wenn ich «normale» Bürger über das Leben auf der Straße aufkläre, erzähle ich von diesen Menschen. Und manchmal kann ich meinen Zuhörern etwas von ihrer Angst nehmen. Ich erkläre und zeige ihnen, dass es weitergeht, selbst wenn man aus seinen vier Wänden hinausgeworfen und in die Armut gestoßen wurde. Es ist nicht das Lebensende. Nicht dass ich irgendjemandem die Armut oder die Obdachlosigkeit wünsche. Aber viele machen jede Menge faule Kompromisse in ihrem Leben, bloß weil sie aus Angst vor dem Absturz meinen, sie hätten keine andere Wahl.

Diese Angst schwächt. Diese Angst ist nicht nötig. Das Leben geht weiter. Sogar die Liebe geht weiter auf der Straße, Pärchen finden sich, es gibt Intimität, es gibt Sex. Die Menschen auf der Straße leben, wie Menschen eben leben. Das gehört zu den helleren Seiten auf der Straße.

Auf dem Wiener Platz hatten sich Helga und Horst gefunden, beide Anfang fünfzig. Die Asphaltliebe ist eigentlich ein düsteres Kapitel. Nicht wegen sexueller Anmache und

Gewalt, die gibt es auch im bürgerlichen Dasein. Düster daran ist: Wir haben auf der Straße keinen Raum für die körperlichen Freuden der Liebe. Es gibt fast keine Unterkünfte für Asphaltpärchen. Horst und Helga blieben deshalb bei Wind und Wetter auf der Straße, sie wollten auch nicht bei Schnee und Hagel in Notunterkünfte flüchten. Sie wollten sich nicht trennen, nachts erst recht nicht. Sie waren so froh, dass sie sich gefunden hatten, sie hielten zusammen, passten aufeinander auf und fühlten sich sicher damit. «Wie idiotisch», erzählte mir Helga einmal, «sie wollen uns das Einzige nehmen, was wir haben, und Horst nach rechts schicken, mich nach links. ‹Ein Bett zusammen›, haben wir immer wieder gehört, ‹das könnt ihr euch abschminken.›»

Wenn ein Pärchen, das auf der Straße lebt, Sex haben will, findet das ziemlich öffentlich statt. Für die beiden war das nur schwer erträglich. Ohne abgeschlossene Wohnung mit Schlafzimmer und Bett ist die Zeit, in der man zärtlich und intim miteinander ist, weniger sorglos und weniger erfüllend. «Aber wir verzichten nicht darauf», haben sie mir gesagt. «Wir fühlen uns zwar wie zwei Fünfzehnjährige, deren Eltern darauf bestehen, dass die Tür offen bleibt, aber das hilft uns manchmal, darüber zu lachen, dass es gerade so ist, wie es ist.»

Auch die Menschen der Straße wollen ihre Sexualität leben. Das muss man respektieren, selbst wenn es im halb öffentlichen Raum passiert, in irgendeinem Hauseingang, unter einer Brücke. Diese Menschen haben eben kein privates, sie haben ein öffentliches Schlafzimmer. Sexualität hat trotzdem auch auf der Straße etwas sehr Befreiendes. Das war den beiden anzusehen, und ihre Freude strahlte manchmal über den Platz.

Faszinierende Menschen gibt es auch unter denen, die sich mit den Leuten auf der Straße abgeben; wir schmoren ja zum Glück nicht nur im eigenen Saft. Zum Beispiel in der Apotheke gleich neben der Bushaltestelle. Ihr Besitzer ist ein sehr sozial eingestellter Mensch. Er kümmert sich schon immer um Obdachlose, bringt ihnen mal ein paar Brötchen oder ein paar Flaschen Wasser auf den Platz, fragt sie, wie es ihnen geht. Seitdem wir in Kontakt sind, hat er uns oft mit Geld unterstützt, an Weihnachten packt er Tüten mit Keksen und Duschzeug, Paracetamol oder Papiertaschentüchern. Er war der, der uns während Corona Masken, Desinfektionsmittel, Blutdruckmessgeräte und vieles mehr ausgeliehen hat.

Der Apotheker ist Jude, das habe ich erst viel später erfahren. Als ich nämlich in seiner Apotheke auf ein Medikament wartete und er einen Kunden bedienen wollte. Der knurrte ihn an, er lasse sich nicht von einem Juden bedienen. Ich dachte, ich hör nicht recht. Da kommt ein Typ rein, der offensichtlich weiß, dass die Apotheke einem Juden gehört, und hat die Frechheit, eine andere Bedienung zu verlangen!? Ich dachte, der Besitzer schmeißt den Idioten achtkantig raus. Hat er aber nicht. Er zuckte die Schultern und hat seine Kollegin gebeten, den Mann zu bedienen.

Ich habe ihn gefragt, warum er sich eine solche Unverschämtheit gefallen lässt. «Er ist nicht der Einzige, der sich so benimmt», antwortete er. «Es gibt hier einige, die es darauf anlegen, dass ich sie rausschmeiße, damit sie herumerzählen können, der Jude hätte sie nicht bedienen wollen. Dann können sie hetzen, dass keiner so ein Geschäft betreten darf. Den Gefallen tue ich ihnen nicht. Auch wenn es mir schwerfällt.»

Ich weiß nicht, ob ich das könnte. Dieser Mann ist lebensklug. Wir sind stolz, dass er zu uns gehört. Wir würden für ihn auf die Barrikaden gehen, wenn es sein muss. Dank solcher Menschen bleiben wir Menschen auf der Straße Menschen.

Und dank unserer Ehrenamtler, die sehr tolle Leute sind. Zwei von ihnen kochen die Mahlzeiten, die wir auf dem Platz verteilen, bei sich zu Hause in ihrer eigenen Küche. Sie kaufen die nötigen Lebensmittel ein und stehen dann drei, vier Stunden am Herd. Der Verein zahlt ihnen die Auslagen und eine Strompauschale. Aber die Arbeit machen sie kostenlos.

Die beiden Köchinnen sind wunderbare Menschen. Da ist einmal die Britta. Sie lebt in Wesel am Niederrhein und in Köln. In Wesel pflegt sie ihre Mutter, dort geht sie auch arbeiten. Nach Köln kommt sie einmal in der Woche für ein, zwei Tage zu ihrem Mann. Viel Stress, viele Verpflichtungen, viel Hin und Her. Trotzdem will sie für die Obdachlosen kochen. «Ich brauche das», sagt sie, «ich freue mich, wenn es den Leuten schmeckt, ich genieße das Lob beim Austeilen. Ich mache das für meinen Seelenfrieden.»

Die andere Köchin, Elke, kommt aus Köln. Obwohl sie gesundheitlich sehr angeschlagen ist, kocht sie regelmäßig für die Obdachlosen. Auch sie freut sich, wenn es den Leuten geschmeckt hat, wenn alles aufgegessen ist. «Ich weiß, ich tu was Gutes», sagt sie. «Mir ist die Szene nicht fremd, ich weiß, wie es auf Platte läuft. Ich mag die Leute, ich koche gern für sie, auch wenn ich wegen meiner Erkrankung nicht mehr beim Verteilen dabei bin.»

Unsere Köchinnen portionieren das Essen in Einwegpackungen, dann kommt alles in einen oder zwei Wärmebehälter, in die jeweils um die dreißig Portionen passen. Wir holen die Behälter mit unserem Auto ab und fahren zum Platz. Dort laden wir sie um in unseren Bollerwagen. Der ist nicht aus Holz, sondern aus blauem Tuch, das über Metallstangen gespannt ist. Der Wagen lässt sich nach Gebrauch wieder zusammenfalten. Wir haben also keine Biertische, hinter die wir uns verkrümeln, sondern wir ziehen den Bollerwagen hinter uns her, bis wir mitten auf dem Platz unsere Verteilaktion beginnen, alle zwei Wochen immer mittwochs ab 18 Uhr.

Die meisten Stammgäste erwarten uns schon, aber einer von den Ehrenamtlern geht vorsichtshalber noch mal über den Platz, schaut in alle Ecken, Winkel und Unterführungen und sagt den Obdachlosen Bescheid, die nicht mitbekommen haben, dass wir da sind.

Weil wir Portionen austeilen, zanken sich die Leute nicht. Denn die Armutskonkurrenz auf der Straße sorgt auch bei der Essensausgabe häufig für Ärger. Wenn einer glaubt, der andere hätte mehr bekommen, geht das Geschimpfe los. Bei den verpackten Portionen gibt es keinen Stress.

Mit unserer kostenlosen Essensausgabe schaffen wir kleine Glücksmomente auf der Straße. Wir bringen mehr als Brot – wir bringen so etwas wie Zufriedenheit, Zuhause, Heimat auf den Asphalt. Unsere Gruppe heißt ja nicht umsonst: Heimatlos in Köln. Das ist eine Zustandsbeschreibung und gleichzeitig die Aufforderung, den Zustand zu ändern.

Natürlich ist das alles nicht Bullerbü. Unsere Arbeit lebt von Spenden und von Ehrenamtlern. Von beiden gibt es zu wenig. Bei den Spenden weiß man nie, wann sie reinkommen und wie viele es sind. Wir können nicht wirklich planen, leben von der Hand in den Mund, erst recht sind große Projekte ausgeschlossen, obwohl wir gern welche anschieben würden. Zum Glück bekommen wir über Daueraufträge festes Geld, das Auto, die Versicherung, die Garage sind einigermaßen stabil finanziert. Aber wir könnten viel mehr tun, wenn wir eine Finanzierung von der Stadt bekämen; sie müsste das eigentlich auch lockermachen, immerhin übernehmen wir Aufgaben der Daseinsfürsorge.

Aber ich habe es ja schon erlebt: Für städtisches Geld müsste ich mir einen Maulkorb umbinden lassen und meine Freiheit aufgeben. Den Versuch haben wir hinter uns. Ich glaube nicht, dass es einen neuen geben wird, bei dem die Stadt ganz darauf verzichten würde, uns reinzureden. Jede Macht will abhängig machen und arbeitet mit Angst. Aber bei mir tritt der beabsichtigte Effekt nicht ein. Warum können die Ämter nicht akzeptieren, dass ich für die Menschen auf der Straße Lobbyarbeit machen will? Darum geht es mir, um sonst nichts.

Meine Oma hat mir eingebläut: Sieh zu, dass du nie «Danke» sagen *musst*. Sie meinte damit: Danke sagen ist schon okay. Aber wenn andere dir vorschreiben wollen, wie dieses Danke auszusehen hat, dann lass es. Bleib eigenständig. Steh auf eigenen Füßen. Meine Oma wusste, wovon sie sprach. Sie musste zwei Kriege überstehen und ihre Kinder allein durchbringen.

Leider sind in den letzten Jahren die Spenden zurückgegangen. Das beklagen alle Wohlfahrtsorganisationen und weisen auf die wachsende Armut und auf die Unsicherheiten im Leben der einfachen Leute hin. Es spenden nämlich viele «kleine», viele arme Leute. Und die können irgendwann nicht mehr. Sie entschuldigen sich dafür sogar persönlich bei uns.

Auch ehrenamtliche Helfer gibt es nicht wie Sand am Meer. Manchen Leuten macht das Thema Obdachlosigkeit Angst. Es schreckt sie ab, es ekelt sie. Obwohl Obdachlosenarbeit nicht heißt, jemandem die Kotze abzuwischen oder den Arsch. Es gibt viel mehr Obdachlose als die, die da draußen in einer Ecke anscheinend aus dem allerletzten Loch pfeifen und denen auch wir schwer helfen können, wenn sie sich nicht in eine feste Einrichtung begeben wollen. Aber diese Menschen sind nicht der Schwerpunkt von Obdachlosenarbeit. Obdachlosenarbeit heißt Gespräche führen, bei Amtsgängen helfen, tröstende Worte finden, zuhören, schauen, ob die Leute in der Kälte einen Schlafsack haben, damit draußen keiner erfriert. Das sind Handreichungen, die alle können, wenn sie wollen.

Oder man kann die entsprechenden Institutionen nerven, damit Obdachlose in der U-Bahn schlafen dürfen. Nur wenn viele viel nerven und der Druck höher wird, geht das plötzlich. Sobald der Druck nachlässt, werden die U-Bahn-Haltestellen wieder zugemacht, oder die Leute werden weggescheucht. Wir merken sofort, wenn der Druck wieder aus dem Kessel ist: Die zuständigen Mitarbeiter vertreiben die Obdachlosen von einem Tag auf den anderen wieder genauso rabiat wie zuvor.

Wir brauchen Ehrenamtler, die Krach schlagen, jede und jeder auf seine Weise. Zum Beispiel für Wärmestuben, die vierundzwanzig Stunden offen sind, die nachts als Notunterkünfte dienen, wo aber auch tagsüber die Leute sitzen dürfen, wo es Essen, Trinken und Duschen gibt. Es müsste von alldem viel mehr geben. Wir müssten die Leerstände bei städtischen und privaten Hauseigentümern beenden und den Wohnraum beschlagnahmen, ach, man weiß das alles doch. Aber es wird überall geblockt. Das Privateigentum der Wohnungsgesellschaften und Immobilienhaie, auch wenn es unsozial genutzt wird, ist heilig. Außerdem kostet jede gute Maßnahme Geld, das keiner ausgerechnet für Obdachlose ausgeben will. Auch dafür brauchen wir Ehrenamtler, damit sie eine andere politische Kultur herstellen, in der das Leben von Obdachlosen nicht verachtet, sondern geachtet wird wie anderes Leben auch.

Straßenkind II

Wenn ich auf dem Wiener Platz sitze, denke ich manchmal daran, den ganzen Stress mit Spenden, mit Ämtern und Behörden, mit Hilfeorganisieren hinter mir zu lassen und zurückzugehen auf die Straße. Tagsüber würde ich schnorren, abends chillen, keine Termine im Kopf, nichts tun. Ich könnte sogar damit umgehen, beleidigt oder angespuckt zu werden. Eine Riesendummheit? Wahrscheinlich. Allen Ernstes bin ich stattdessen auf die Idee gekommen, wenn nicht komplett auf Platte, so könnte ich doch Urlaub dort machen. Mein Zuhause bliebe mir ja. Dahin würde ich zurückgehen, wenn es mir draußen zu viel wird.

Eigentlich ist es gar nicht meine Idee. Eine Bekannte macht das regelmäßig: Einmal im Jahr Urlaub auf Platte. Obwohl sie ein Kind hat! Sie nimmt sich eine Auszeit, sucht sich ein paar Leute, und los geht's. Vielleicht würde ich in Köln auf einen Bauwagenplatz gehen. Ich würde den an der Amsterdamer nehmen oder den in Deutz, Richtung Thermalbad, den Old Punk City, oder ich würde mich ganz woandershin aufmachen, nach Berlin zum Beispiel. An der Spree abends am Feuerchen sitzen, grillen, quatschen oder schweigen, in den Himmel schauen.

Ich war nie in einem anderen Land, nicht mal in einer anderen Stadt, nur an der Mosel, in der Zeit meiner zweiten Ehe. Auf dem Campingplatz. Was habe ich denn von der Welt gesehen? Ich könnte doch einfach losziehen, ohne den ganzen Ballast! Ich schnorre mir mein Essen zusammen, schnapp mir 'ne Decke und Clayd und 'ne Schüssel Wasser und setz mich an den nächsten Supermarkt.

Aber das sind alles Fantastereien. Ich selbst würde die Straße wahrscheinlich gar nicht mehr überleben, Clayd verträgt das Leben auf der Straße sowieso nicht, er braucht sein Zuhause, seinen Rückzug, sein Körbchen.

Also flüchte ich doch nur in den Biergarten auf dem Wiener Platz, sitze da, trinke meinen Kaffee mit Zucker, mein Sprudelwasser und schaue auf den Asphalt und in den Himmel. Im Regen bleibe ich einfach sitzen. Draußen.

Wenn ich so zur Ruhe komme, weiß ich: Eigentlich bin ich ein reicher Mensch. Nicht wegen des Geldes, das ich nicht habe, sondern wegen der Menschen um mich herum. Das sind meine glücklichen Momente. Das ist meine Freiheit.

Ich bin froh und dankbar für das Leben, das ich führe. Dafür, dass ich Clayd habe, dass er so ist, wie er ist, egal wie viel er kostet. Dass ich Franco an meiner Seite habe. Dass ich die anderen habe, die mich ein bisschen wertschätzen, die mich so nehmen, wie ich bin, die mich nicht umerziehen, mich nicht in eine Schublade quetschen wollen. Dann kann ich sagen: Ich bin Linda. Ich bin nicht angewiesen auf Almosen, ich halte durch, ich bin stur, ich bleibe kämpferisch, ich lasse mich nicht einzurren, ich bin nicht käuflich.

Leicht ist mein Leben nicht. Es hat mich zu einer Einzelgängerin gemacht, auch wenn viele um mich sind. Gut, dass ich einen Glauben habe und darin Trost finde. Ich komme weiß Gott nicht so daher. Ich gehe damit niemandem auf den Wecker, ich habe auch noch nie jemanden zu bekehren versucht. Wenn ich in die Kirche gehe, dann allein. Ich wurde als Kind gläubig, als mich Freunde zum ersten Mal in einen katholischen Gottesdienst mitgenommen haben. Das war verboten, ich war evangelisch, ich musste das heimlich tun. Aber seitdem gehe ich in katholische Messen und genieße ihren Zauber.

Für mich war die Madonna besonders wichtig, vielleicht weil mein Vater Italiener war, mehr weiß ich von ihm ja nicht. Ich habe zu Hause einige Figuren der Mutter Gottes stehen und halte vor einer von ihnen jeden Morgen mein Morgengebet. Darin kommt Clayd vor, HiK, alles Mögliche, was mich gerade beschäftigt oder bedrückt. Das praktiziere ich schon seit vielen Jahren, und es hat mir besonders in Krisensituationen geholfen. Zum lieben Gott habe ich in den düstersten Zeiten gesagt, schon während meiner gewalttätigen Ehen, der Scheiß gerade wird schon für irgendwas gut sein, auch wenn ich es nicht kapiere, aber vielleicht lässt Du mich ja hinterher verstehen, wofür.

Nicht dass ich da immer Auskunft bekommen hätte, aber ich habe meinen Glauben behalten, auch während meiner Obdachlosigkeit. Dabei hat mir Gubbio, die Obdachlosenseelsorge in Köln, sehr geholfen und Schwester Franziska, die dort gewirkt hat, aber leider schon tot ist. Sie war in den Jahren, als ich im betreuten Wohnen allmählich zu mir zurückgefunden habe, einfach da. Sie war eine entscheidende Hilfe für mich.

Während der Jahreswende lag ich wegen meiner Lungenkrankheit über Wochen im Krankenhaus. Einmal musste man mich sogar wieder ins Leben zurückholen. Es war nicht das erste Mal, dass ich dem Tod von der Schippe gesprungen bin. Ohnehin ist er für mich nicht das Ende. Ich glaube, dass es ein Leben nach dem Tod gibt, nicht für den Körper, der ist hin, der ist kaputt, die Hülle zerfällt. Aber ich glaube, wir sind alle auch Energie. Und diese Energie bleibt. So wie ich es von meiner Oma kenne. Ihre Energie ist noch immer da, sie ist bei mir, sie gibt mir Kraft.

Auch die Energien anderer Verstorbener, die mir nah waren, sind nicht verschwunden. Oft haben sie mich gestärkt oder bestätigt. Für mich gehört das zu den Wundern der Natur, von der die Lebenden und die Toten ein Teil sind. Draußen im Freien spüre ich diese Energien mehr als drinnen. Unter dem Himmel sind für mich alle Energien wahrer und greifbarer. Deshalb habe ich ein anderes Verhältnis zur Sonne, zum Regen, zum Wind, zu Pflanzen, zu den Vögeln als viele Menschen. Ich bin halt ein Straßenkind durch und durch. Und stolz darauf.

Ich muss den Himmel sehen. Das war schon als Kind so, wenn ich auf dem Rasen lag und hinaufschaute. Das war auf dem Friedhof so, als mein anderes Leben anfing. Das ist noch heute so. Ich ersticke ohne diesen Blick hinauf. Wenn ich zu Hause aufwache, reiße ich zuallererst das Fenster auf, ich muss den Himmel sehen. Und sollte es kalt sein, zieh ich mir ein Jäckchen über. Der Himmel ist unendlich. Ich bin frei, wenn ich dort hinaufschaue. Ich bin in der Unendlichkeit, ich bin in keiner Schublade, ich bin nicht in der Armut.

Wegen unserer Armut bin ich seit meiner Kindheit, sobald ich einen Schritt von meinen Nächsten weggetan habe, von meiner Oma, meiner Straße also, mit Geringschätzung konfrontiert gewesen. Das Wissen um diesen geringschätzigen Blick der vermeintlich besseren Leute ist mir erhalten geblieben, seitdem ich in die Schule gegangen bin.

Mit ihm musste ich leben, mit dem abwertenden Urteil, der mangelnden Wertschätzung, die unsereins entgegenschlägt. Uns, denen man angeblich die Armut an der Nasenspitze ansieht. Dies Urteil markiert das Gelände, auf dem wir uns zeitlebens aufhalten. Aber wir behaupten uns. Ich habe gelernt: Es lohnt sich, zu kämpfen und immer wieder aufzustehen.

Hilfsangebote

Aus der Fülle der Websites, die Hilfe für Wohnungs- und Obdachlose anbieten, möchte ich die folgenden drei hervorheben:

- https://ohnewohnung-wasnun.blogspot.com/ – Infoportal über Einrichtungen der Wohnungs- und Obdachlosenhilfe, gegliedert nach Bundesländern, von Richard Brox.
- https://www.woundwie.de/de/ Infoportal der Bundesarbeitsgemeinschaft Wohnungslosenhilfe über Hilfsangebote, gegliedert nach Städten, Gemeinden und Stichworten.
- https://selbstvertretung-wohnungsloser-menschen.org/ Portal der Selbstvertretung.

Örtliche Anlaufstellen, Unterkünfte und Beratungseinrichtungen finden sich über die jeweiligen Stadtverwaltungen und über Sozialhilfeträger wie Caritas, Diakonie, Paritätischer, AWO, Heilsarmee, DRK u. a. Einfach Stadt eingeben, Stichwort «Obdachlosenhilfe» und googeln.

Über die Qualität der Angebote wissen die Menschen auf der Straße meistens am besten Bescheid.

Das ist die Seite meines Vereins: http://HiK-koeln.de/